AF626874

JOANA GIMBUTYTE

Joghurt, KEFIR, Sauermilch & CO

SELBST GEMACHT

LEOPOLD STOCKER VERLAG
GRAZ – STUTTGART

Fotos Cover und Umschlagrückseite: Claudia Plattner

Fotos im Innenteil: Claudia Plattner
Redaktion: Irmtraud Weishaupt

Der Inhalt dieses Buches wurde von der Autorin und vom Verlag nach bestem Wissen und Gewissen geprüft, eine Garantie kann jedoch nicht übernommen werden. Die juristische Haftung ist ausgeschlossen.

Auf Wunsch senden wir Ihnen gerne kostenlos unser Verlagsverzeichnis zu.
Leopold Stocker Verlag GmbH
Hofgasse 5 • Postfach 438 • A-8011 Graz
Tel.: +43 (0)316/821636 • Fax: +43 (0)316/835612
E-Mail: stocker-verlag@stocker-verlag.com
www.stocker-verlag.com

Bibliographische Information der Deutschen Nationalbibliothek
Die Deutsche Nationalbibliothek verzeichnet diese Publikation in der Deutschen Nationalbibliographie; detaillierte bibliographische Daten sind im Internet über http://dnb.d-nb.de abrufbar.

Hinweis
Dieses Buch wurde auf chlorfrei gebleichtem Papier gedruckt. Die zum Schutz vor Verschmutzung verwendete Einschweißfolie ist aus Polyethylen chlor- und schwefelfrei hergestellt. Diese umweltfreundliche Folie verhält sich grundwasserneutral, ist voll recyclingfähig und verbrennt in Müllverbrennungsanlagen völlig ungiftig.

ISBN 978-3-7020-1928-0
Alle Rechte der Verbreitung, auch durch Film, Funk und Fernsehen, fotomechanische Wiedergabe, Tonträger jeder Art, auszugsweisen Nachdruck oder Einspeicherung und Rückgewinnung in Datenverarbeitungsanlagen aller Art, sind vorbehalten.
© Copyright by Leopold Stocker Verlag, Graz,
2. Auflage 2025
Umschlaggestaltung, Layout und Repro:
Werbeagentur Rypka GmbH, 8143 Dobl/Graz,
www.rypka.at

Fragen, Wünsche oder Anregungen? Kontaktieren Sie uns!

www.stocker-verlag.com/joghurt-kefir-sauermilch-co-feedback/

Hier finden Sie auch weitere Informationen über unser Programm und können sich für unseren Newsletter anmelden.

Inhalt

48

66

72

Vorwort

Ich bin in Litauen aufgewachsen. Für meine Großeltern und meine Eltern war Selbermachen eine Selbstverständlichkeit. Nicht nur, was das tägliche Kochen betrifft, auch Joghurt, Dickmilch, Sauermilch, Frischkäse und andere Milchprodukte wurden selbst gemacht, und ich bin mit diesem ganz besonderen Geschmack aufgewachsen, den gekaufte Milchprodukte niemals haben.

Daher war es eine willkommene Herausforderung für mich, als ich gebeten wurde, mich mit dem Thema „Joghurtbereiter" und was man alles damit machen kann auseinanderzusetzen. Als Küchenmeisterin und Küchenchefin eines der erfolgreichsten Koch- und Back-Magazine in Österreich bin ich es gewohnt, Rezepte zu entwickeln und sie geschmacklich zu optimieren. Tüfteln, Ausprobieren und Variieren gehört also zu meinem Arbeitsalltag.

Auf diese Art und Weise bin ich auch an dieses Thema herangegangen. Begonnen habe ich mit unzähligen Variationen von Naturjoghurts und anderen fermentierten Milchprodukten ohne zusätzliche Geschmackszutaten. Ich habe mit verschiedenen Milchsorten und Starterkulturen in Pulverform bzw. mit der Impfmethode sowie mit der Fermentierungszeit experimentiert, um herauszufinden, welche Auswirkungen all diese Faktoren auf das fertige Produkt haben.
Die Ergebnisse wurden verkostet, fotografiert und dokumentiert, um die Unterschiede in Konsistenz und Geschmack für Sie zu beschreiben (ab S. 14).

Nach dieser grundlegenden „Erforschung" von Naturjoghurt, Kefir, Buttermilch & Co habe ich mich an den Rezeptteil gemacht: Hier ging es darum, herauszufinden, wie man fermentierte Milchprodukte mit zusätzlichen Zutaten direkt im Joghurtbereiter (oder auch im Backofen) zubereiten kann. Mit welchen Früchten oder anderen Geschmackszutaten, mit welcher Milch, mit welchem Starter funktioniert es? Was klappt nicht? Denn dieses Buch unterscheidet sich vor allem in diesem Punkt von anderen Joghurt-Büchern: Meist wird nur beschrieben, wie man schlichtes Naturjoghurt selbst zubereitet. Dieses wird dann erst im Anschluss mit Früchten verfeinert.
Hingegen können Sie mit den abwechslungsreichen Rezepten in diesem Buch die fermentierten Milchprodukte in einem Durchgang mit vielen unterschiedlichen Zutaten herstellen, ob es nun Früchte, Gemüse, Schokolade, Nüsse, Kerne, Kokosflocken, verschiedenste Gewürze oder andere Aromen sind.

Wagen auch Sie sich an die herrlich einfache Kunst des Selbermachens von einfallsreichen Joghurt-, Sauermilch-, Kefir- und anderen Kreationen!

Viel Freude beim Ausprobieren und Genießen wünscht Ihnen Ihre

Joana Gimbutyte

Joghurt,

Skyr, Buttermilch, Sauermilch, Acidophilusmilch, Dickmilch, Sauerrahm, Kefir und Frischkäse

Gekaufte fermentierte Milchprodukte enthalten zahlreiche Zusatzstoffe, Konservierungsmittel, Stabilisatoren, Zucker bzw. Süßstoffe, künstliche Aromen etc.
Dafür mangelt es ihnen an „lebendigen" Bakterienkulturen, weil diese durch verschiedene Prozesse zur längeren Haltbarmachung inaktiviert werden. Dabei sind es gerade diese frischen und lebenden Mikroorganismen, die sich positiv auf den Darm und das körperliche Wohlbefinden auswirken. Und genau die finden sich in selbst gemachten fermentierten Milchprodukten.

SELBERMACHEN: TRENDIG UND VORTEILHAFT

Glücklicherweise ist es ganz einfach, Joghurt, Sauermilch, Buttermilch & Co selbst herzustellen. Die Vorteile liegen auf der Hand.

- **Selbermachen ist nachhaltig**, man kann eine Menge Plastikmüll vermeiden.
- Man kann zu Hause Joghurt aus **beliebiger Milch, aber auch aus Pflanzendrinks** erzeugen.
- Mit **verschiedenen Joghurt-Starterkulturen oder durch die Impfmethode** (siehe S. 10) können unterschiedliche Joghurtsorten hergestellt werden (z. B. griechisches, bulgarisches, georgisches, skandinavisches, aber auch laktosefreies, veganes oder probiotisches Joghurt usw.).
- Mithilfe anderer Starterkulturen (bzw. Impfungen) entstehen **weitere fermentierte Milchprodukte** wie Skyr, Sauer-, Butter-, Dickmilch, Acidophilusmilch, Kefir, Frischkäse usw.
- Durch die unzähligen Kombinationsmöglichkeiten von Milch und Starterkultur kann man auch ohne zusätzliche Geschmackszutaten **fermentierte Milchprodukte in einer Vielfalt** herstellen, wie sie im Handel nicht angeboten wird.
- Durch das Hinzufügung **weiterer Zutaten, Aromen und Gewürze** wird die Vielfalt noch größer und ergibt **neue Geschmackserlebnisse.**
- **Man weiß, was drinnen ist** und bestimmt die Qualität der Zutaten seines Milchproduktes selbst: Im Himbeerjoghurt sind tatsächlich Himbeeren enthalten, nicht wie z. B. beim Himbeerjoghurt aus dem Supermarkt, das zwar nach Himbeere schmeckt, dessen Aroma jedoch aus Zedernholz-Sägespänen gewonnen wird.
- Man bestimmt selbst**, wie viel Zucker** hinzugefügt wird.

- Sogar die **Säure und die Konsistenz** des fermentierten Milchproduktes kann weitgehend selbst bestimmt werden.
- Ob im Joghurtbereiter oder im Backofen: Die Milchprodukte **werden in Gläsern mit Deckeln zubereitet**, in denen man sie anschließend in den Kühlschrank stellen und z. B. mit zur Arbeit nehmen kann und in denen die Desserts/Dips sogar serviert werden können.

FERMENTIEREN VON MILCHPRODUKTEN

Für das Selbermachen von Joghurt & Co zu Hause braucht man ein paar „Helfer“: einen Topf zum Milchaufkochen, ein Küchenthermometer, einen Kochlöffel, ein Sieb, einen Stabmixer, einen Trichter und einen Joghurtbereiter inkl. Gläser mit Deckel zum Abfüllen (alternativ: ein tiefes Backblech bzw. eine Auflaufform zur Joghurtbereitung im Backofen).

FERMENTIEREN VON MILCHPRODUKTEN IM JOGHURTBEREITER

Am einfachsten ist die Zubereitung natürlich in einem Joghurtbereiter. Nach der Vorbereitung (Schritt für Schritt ab S. 12 beschrieben) des gewünschten Milchproduktes stellt man dieses in das Gerät, stellt den Timer ein und nimmt das fertig fermentierte Produkt nach der abgelaufenen Fermentationszeit wieder heraus.

Zahlreiche Anbieter haben in den letzten Jahren viele verschiedene Geräte entwickelt, die im Fachhandel oder online erhältlich sind. Die meisten verschiedenen Natur-Milchprodukte (siehe ab S. 14) und alle Rezepte mit zusätzlichen Geschmackszutaten (siehe ab S. 24) in diesem Buch wurden in neun Joghurtbereitern verschiedener Hersteller gemacht: Steba JM3 Joghurt-Maker, Rommelsbacher Joghurtbereiter, AICOK Joghurtbereiter, MVPower Joghurtbereiter, Clatronic JM3344 Joghurtmaker, Cuisinart YM400E Joghurt- und Frischkäsebereiter, SUNTEC Joghurtbereiter YOG-8588 digital, Severin 3519 Joghurtbereiter und Seb Compact Joghurtbereiter Multidélices.

Die Joghurtbereiter unterscheiden sich in vieler Hinsicht:

- Manche Geräte haben Timer und schalten sich automatisch aus. Andere haben keinen Zeitschalter. Man darf also auf keinen Fall vergessen, das Gerät auszuschalten, weil sonst die Fermentierung weiterhin fortgesetzt wird und das Milchprodukt zu sauer oder gar bitter wird.
- Bei einigen Geräten kann man die Temperatur nicht einstellen, sie haben nur die Temperaturstufe 42 °C. Für manche Milchprodukte braucht man jedoch andere Temperaturen (z. B. Buttermilch, Sauermilch, Acidophilusmilch: nur 30 °C, Kefir: 35 °C).
- Die Geräte sind zur Herstellung von unterschiedlich großen Mengen (ca. 1–3 l) ausgerichtet. Manche Joghurtbereiter haben nur ein Gefäß. In dieses wird das betreffende zu fermentierende Milchprodukt eingefüllt. Viele Geräte haben jedoch mehrere (zwischen 6 und 10) kleinere Portionsgläser. Diese sind praktisch und können gut im Kühlschrank aufbewahrt werden. Das fermentierte Milchprodukt kann sogar darin serviert werden.
- Einige Geräte haben außerdem für jedes Glas einen Sieb-Einsatz zur Frischkäsebereitung. Jedoch ist die Handhabung eher unpraktisch; es ist viel einfacher, den Frischkäse nach der Fermentierung in einem haushaltsüblichen Sieb abtropfen zu lassen (siehe S. 13).
- Weiters gibt es auch schon ein paar Geräte, die über die Bereitung von fermentierten Milchprodukten hinaus ähnlich wie ein Dampfgarer auch einige Garfunktionen für z. B. Crème brûlée, Soufflées, Küchlein etc. aufweisen.

FERMENTIEREN VON MILCHPRODUKTEN IM BACKOFEN ETC.

Wer keinen Joghurtbereiter besitzt, kann Joghurt & Co im **Backofen** zubereiten:

- Milchprodukte wie auf S. 12 beschrieben vorbereiten.
- Wie für den Joghurtbereiter das Milchprodukt am besten in kleine Gläser mit Deckel (Schraubverschluss oder Einmachgläser) füllen.
- Für das Fermentieren von Milchprodukten im **Backofen** die vorbereiteten Gläser mit dem zu fermentierenden Milchprodukt in tiefere Backbleche oder in eine Auflaufform stellen.

Dann Wasser einfüllen (bis zu einem Drittel der Glashöhe). Das Backblech bzw. die Auflaufform mit den Gläsern in den vorgeheizten Backofen stellen und fermentieren lassen (Temperatur und Zeit wie für den Joghurtbereiter laut Rezept angegeben).

Danach herausnehmen, die Gläser aus dem Wasserbad nehmen und in den Kühlschrank stellen.

Sicherheitshalber sollte man vor dem ersten Versuch die Temperatur im Backofen mithilfe eines Backofenthermometers überprüfen, denn oft stimmt die eingestellte Temperatur nicht mit der tatsächlichen Temperatur überein!

Die Zubereitung ist abgesehen vom Backofen auch in anderen Küchengeräten möglich, die während des gesamten Fermentationsprozess, also über einige Stunden, eine konstante Temperatur halten können. Das ist z. B. in einem **Dörrapparat** kein Problem, geeignet sind auch Multifunktionsküchenmaschinen (wie z. B. Thermomix) oder Slow-Cooker.

Sogar in einem **Wasserbad**, das daraufhin mit einem Deckel versehen und gut mit Polstern, Decken oder anderem Isoliermaterial umwickelt wird, können Milchprodukte fermentiert werden.

Die Temperatur hier konstant zu halten und zu kontrollieren, ist etwas schwieriger zu bewerkstelligen, wie auch beim Fermentieren auf dem **Heizkörper** (hier unbedingt zuvor ein Thermometer auf den Heizkörper legen und überprüfen, ob die Temperatur passt!).

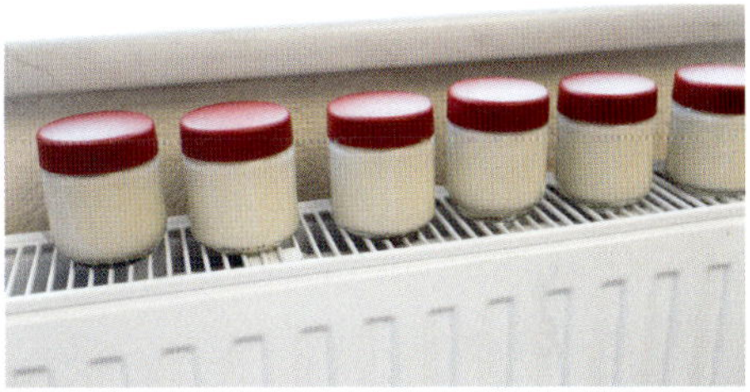

GRUNDZUTATEN FÜR FERMENTIERTE MILCHPRODUKTE

MILCH

Die Auswahl der Milch erfolgt ganz nach persönlicher Vorliebe: Kuh-, Schaf- oder Ziegenmilch, Rohmilch oder pasteurisierte Milch, laktosefreie Milch, Haltbarmilch, Voll- oder fettarme Milch oder aber pflanzliche Drinks wie Kokos-, Hafer- oder Sojadrink.

Bei der Verwendung von fettarmer Milch (unter 2 % Fettgehalt) ist das Hinzufügen von Magermilchpulver nötig, damit das Joghurt cremig bzw. stichfest wird.

Aus veganen Drinks (besonders aus Hafer, Mandeln oder Cashewkernen) hergestellte fermentierte Milchprodukte bleiben sehr flüssig. Deshalb am besten z. B. Johannisbrotkernmehl zum Eindicken hinzufügen!

STARTERKULTUR/STARTERFERMENT BZW. IMPFMETHODE

Damit die Milch fermentieren kann, braucht sie bestimmte Bakterienkulturen. Die meisten fermentierten Milchprodukte kann man durch **„Impfen mit lebenden Bakterienkulturen“** herstellen. Das bedeutet, man mischt die Milch mit einem bereits fertig fermentierten Produkt (also mit gekauftem oder selbst gemachtem Naturjoghurt, Buttermilch, Acidophilusmilch, Sauerrahm, Sauermilch oder Kefir). Bei gekauften Produkten unbedingt darauf achten, dass sie lebende Bakterienkulturen enthalten (ist auf der Verpackung angegeben)! Frischkäse kann man nicht durch „impfen“ herstellen.

Anstatt der Impfung mit solchen „lebenden Bakterien“ kann man jedoch auch **Starterkulturen in Pulverform** verwenden, die für sämtliche fermentierten Milchprodukte in Reformhäusern, Apotheken oder online erhältlich sind.
Man kann z. B. das erste Mal eine Bakterien-Starterkultur in Pulverform verwenden und danach das selbst hergestellte Milchprodukt zum Impfen für die neuerliche Zubereitung verwenden. Bis zu sechsmal kann man auf diese Weise selbst gemachtes Joghurt und andere Milchprodukte „vermehren“.

Starterkulturen immer im Kühlschrank aufbewahren!

Viele verschiedene Firmen bieten Starterkulturen für fermentierte Milchprodukte an. Für die Rezepte im Buch wurden – neben der Impfmethode – folgende Starterkulturen in Pulverform verwendet:
Spinnrad (alle möglichen Kulturen für verschiedene Milchprodukte, z. B. für „rechtsdrehende“ od. probiotische Joghurts, Kefir usw., gibt es auch in kleinen Mengen, praktisch zum Ausprobieren)
Kefiralia (viele besondere, ländertypische Joghurtsorten, z. B. Filmjölk; Viili, Matsoni, griechisch, bulgarisch …)
My.Yo (verschiedene Kulturen, z. B. auch für Buttermilch, Kefir, aber auch besonders milde oder probiotische Milchprodukte, auch vegane Kulturen!)
Danisco (Kulturen für verschiedene Milchprodukte)
True Life (mikrobiotische Kultur für Joghurt, besonders magenschonend)
Käsereiberatung & Service – F. Jürgensen OHG (verschiedene Kulturen, z. B. für Dickmilch, auch Labextrakt)

ZUSÄTZLICHE GESCHMACKSGEBENDE ZUTATEN FÜR FERMENTIERTE MILCHPRODUKTE

OBST, GEMÜSE ETC.

Je nachdem, ob man fruchtige, süße oder pikante Produkte herstellen will, wählt man zusätzliche Zutaten aus. Das können viele verschiedene Obst- und Gemüsearten sein. Allerdings dürfen diese NICHT roh verwendet werden, sondern müssen je nach Konsistenz und Säuregehalt der betreffenden Obst- oder Gemüseart vorab unterschiedlich lange gegart werden. Deshalb ist es sehr wichtig, sich zunächst genau an die in den Rezepten angegebenen Mengen und Zeiten zu halten, bis man Erfahrungen gesammelt hat und sich an eigene Kreationen wagen kann.

SCHOKOLADE, NÜSSE, KEKSE ETC.

Auch mit Nüssen, Samen oder Kernen, Kokosflocken, Keksen, Schokolade, Karamell u. v. m. kann man ganz besondere Joghurtsorten zaubern, die in dieser Außergewöhnlichkeit und Vielfalt im Handel garantiert nicht zu finden sind.

ZUCKER ODER ALTERNATIVE SÜSSUNGSMITTEL

Man kann selbst entscheiden, mit welchem Zucker oder anderen Süßungsmitteln man sein Milchprodukt süßen möchte. Ganz nach Belieben kann man normalen weißen Zucker, Rohzucker, Rohrzucker, Kokosblütenzucker, Birkenzucker oder auch Ahorn- bzw. Agavensirup verwenden.

Honig ist als Süßungsmittel nicht geeignet, weil er den Fermentierungsprozess beeinträchtigt: Die Milchprodukte dicken nicht ein und bleiben flüssig!

GEWÜRZE, KRÄUTER, TEE, KAFFEE USW.

Aromatisierende Zutaten wie Gewürze, Kräuter (frisch oder getrocknet), abgeriebene Zitronenschale, Essenzen etc. werden in der Milch aufgekocht und setzen so ihr Aroma bestmöglich frei. Kakao- oder Matchapulver, Instantkaffee oder -schokolade werden erst nach dem Aufkochen der Milch zugegeben.

ZUSÄTZLICHE ZUTATEN

Je nach gewünschter Konsistenz des selbst gemachten Milchproduktes kann man Crème fraîche, Kondensmilch, Mascarpone, Sahne usw. hinzufügen. Bei der Verwendung von fettarmer Milch empfiehlt sich die Zugabe von Magermilchpulver.

HERSTELLUNG VON FERMENTIERTEN MILCHPRODUKTEN

Die verschiedenen Methoden der Fermentierung (im Joghurtbereiter, im Backofen etc.) wurden bereits auf S. 8 beschrieben. Hier wird nun Schritt für Schritt erklärt, welche Vorarbeiten bzw. Vorbereitungen nötig sind, bis das Milchprodukt schließlich zur Reifung in den Joghurtbereiter kommt.

WICHTIGE VORAUSSETZUNGEN

- Hygiene ist enorm wichtig: alle notwendigen Gerätschaften und die Arbeitsumgebung bzw. die Arbeitsfläche müssen perfekt sauber sein.
- Gläser, die für die Joghurtbereitung verwendet werden, zuvor sterilisieren oder zumindest im Geschirrspüler bei 70 °C waschen.
- Für die Fermentierung ist eine konstante Temperatur unabdingbar.
- Das zu fermentierende Milchprodukt darf während des Reifeprozesses nicht bewegt werden.
- Nach dem Reifeprozess muss das fertig fermentierte Produkt sofort gekühlt werden, damit der Reifeprozess abgebrochen und das Produkt nicht zu sauer oder gar bitter wird.

SCHRITT FÜR SCHRITT ZUM NATURJOGHURT

Als Beispiel für die nachfolgende Anleitung wurde Naturjoghurt gewählt, die Zubereitungsschritte gelten jedoch auch für Buttermilch, Sauerrahm, Skyr & Co. Die

Fermentierungszeit sowie die -temperatur sind jedoch unterschiedlich (siehe Angaben bei den einzelnen Rezepten!).

1. Milch aufkochen, vom Herd nehmen und auf 42 °C abkühlen lassen, Joghurtbereiter einschalten und aufwärmen.

2. a) In die abgekühlte Milch bereits fertiges Naturjoghurt mithilfe eines Schneebesens vorsichtig einrühren (impfen).

2. b) ODER: statt fertigem Joghurt eine Starterkultur in Pulverform einrühren.

3. Bei fettarmer Milch Magermilchpulver zugeben, damit das Joghurt cremig wird.

4. Die Masse in die Gläser des Joghurtbereiters gießen.

5. Deckel auf die Gläser geben, in den auf 42 °C vorgewärmten Joghurtbereiter stellen, mit dem Deckel des Joghurtbereiters verschließen und lt. Rezept den Timer auf die benötigte Fermentationszeit einstellen (zwischen 8 und 12 Stunden – siehe Grundrezepte ab S. 14 bzw. süße und pikante Rezepte ab S. 24).

Nach dem Ende der Fermentationszeit die Gläser sofort aus dem Joghurtbereiter nehmen und mindestens 2 Stunden in den Kühlschrank stellen, damit der Fermentationsprozess gestoppt wird.

BESONDERHEITEN BEI DER ZUBEREITUNG

Frischkäse

Im Joghurtbereiter den Frischkäse bei 32 °C 12 Stunden fermentieren lassen. Nach der Fermentationszeit die Gläser aus dem Joghurtbereiter nehmen, den Frischkäse in einem Sieb abtropfen lassen, bis die gewünschte Konsistenz erreicht ist (je länger, desto cremiger wird der Frischkäse, je kürzer, umso flüssiger bleibt er). Die abgetropfte Molke kann getrunken oder anderweitig verwendet werden.

Milchkefir

Für die Zubereitung im Joghurtbereiter die Milch mit einer Kefir-Starterkultur vermischen und bei 35 °C 10 Stunden fermentieren lassen.

Alternativ kann Kefir mit einem **Milchkefirpilz** (online erhältlich) bei Zimmertemperatur angesetzt werden:

1. Man erhält einen kleinen Milchkefirpilz in ein bisschen Milch in einem Glas und leert das Ganze in ein größeres Glas (je nach gewünschter Menge ca. 1–3 Liter).
2. Mit der gewünschten Menge Milch aufgießen, mit einem Tuch abdecken und bei Zimmertemperatur mindestens 2 Tage reifen lassen (je nach gewünschter Konsistenz und Geschmack auch länger, er wird dann dickflüssiger und geschmacklich intensiver).

3. Die Flüssigkeit mit dem Pilz in einem Plastiksieb oder in einem Tuch (Achtung, der Pilz darf nicht mit Metall in Berührung kommen!) abseihen.
4. Den abgeseihten Milchkefir trinken, den Pilz kurz mit kaltem Wasser abspülen, wieder in ein großes Glas geben und mit frischer Milch „füttern".

Kefir länger als 4 Tage reifen zu lassen, ist nicht empfehlenswert, weil der Pilz nach und nach sämtliche Milch verbraucht. Der Pilz wird größer, es bleibt nur die Molke übrig. Man könnte sagen, der Pilz „frisst" die Milch auf, deshalb muss bei längerer Reifezeit mit frischer Milch „nachgefüttert" werden.

Dickmilch

Dickmilch (regional auch Setzmilch oder Stockmilch genannt) kann außer im Joghurtbereiter (bei 30 °C) wie früher üblich auch bei Zimmertemperatur zubereitet werden:

1. Rohmilch bei Zimmertemperatur ca. 10 Stunden stehen lassen; je nach Wetter kann es länger oder kürzer dauern, bis die Milch eindickt.
2. Wenn man sterilisierte Vollmilch verwendet, braucht man einen Fermentationsstarter. Die Milch auf 30 °C erwärmen (so arbeiten die Milchsäurebakterien besser), dann pro Liter Milch ca. 150 ml fertige Dickmilch untermischen, mindestens 14–16 Stunden an einem warmen Ort (optimal sind ca. 24 °C) stehen lassen.
3. Statt des Impfens mit Dickmilch kann auch eine Starterkultur in Pulverform verwendet werden, Dickmilch-Kulturen werden jedoch nicht so häufig angeboten wie Starterkulturen für Joghurt, Sauermilch, Buttermilch usw.

Grundrezepte

NATURJOGHURT & ANDERE FERMENTIERTE MILCHPRODUKTE

Selbst für Naturjoghurt und andere fermentierte Milchprodukte ohne zusätzliche Geschmackszutaten gibt es eine Vielzahl an Möglichkeiten, sich ganz nach persönlichen Vorlieben sein Lieblingsprodukt selbst „zusammenzustellen".

Schon was die Grundzutat Milch betrifft, kann man zwischen Kuh-, Schaf- oder Ziegenmilch wählen. Ob Mager- oder Vollmilch, ob Bio-, Heu- oder Bergbauernmilch, jeder entscheidet für sich, ob die Milch roh, pasteurisiert oder laktosefrei sein soll oder ob statt Milch lieber ein veganer Drink verwendet wird.

Ebenso reich ist die Auswahl an Zusatzstoffen, die für die Fermentierung der Milch sorgen: Welche Starterkultur in Pulverform bzw. welches Milchprodukt für die Impfmethode verwendet wird, kann jeder selbst entscheiden.

Für dieses Buch wurde vorab eine umfangreiche „Testserie" für verschiedenste fermentierte Milchprodukte ohne zusätzliche Geschmackszutaten durchgeführt. Auf den Seiten 15–22 wird ersichtlich, wie zahlreich die Möglichkeiten zur Variation sind. Angegeben sind jeweils die verwendete Milch[1] und der Fermentationsstarter (Pulver[2] oder Impfung[3]), die Fermentationstemperatur[4] und Fermentationszeit[5].

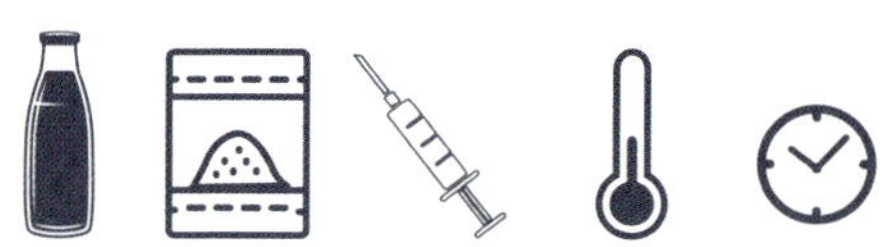

1 2 3 4 5

Außerdem wurde jedes Produkt verkostet, um Geschmack (G) und Konsistenz (K) zu vergleichen. Die Fotos auf S. 17 und 19 dokumentieren Unterschiede im Aussehen (A).

Für die „Grundrezepte" ohne zusätzliche Geschmackszutaten benötigt man **pro Liter Milch** (bzw. veganem Drink) **100 ml eines fertig fermentierten Milchprodukts** bzw. **1 Pck. Starterkultur** (je nach Hersteller variiert der Inhalt der Starterkulturpackungen, meist reicht die jeweilige Menge genau für einen Liter Milch. Wenn nicht, ist auf der Packung genau angegeben, wie viel Gramm pro Liter Milch benötigt werden).

Naturjoghurt

Glas Nr. 3 | Kuhmilch 3,5 % | Joghurt 3,8 % | 42 °C | 8 h

K sehr cremig auch ohne Umrühren G nicht zu mild, nicht zu saurer

Glas Nr. 4 | Kuhmilch 3,5 % | Joghurt 3,5 % | 42 °C | 10 h

K kompakter, stichfest, nach Umrühren leicht grießelig, ein bisschen Molke setzt sich ab G etwas milder als Nr. 3

Glas Nr. 5 | Kuhmilch 3,5 % | Spinnrad LaBiDa L+ | 42 °C | 8 h

K stichfest, viel fester als Nr. 4, nicht so cremig, nach Umrühren grießelig G sehr sauer, stichfest (wie Sauermilch, die aus Rohmilch bei Zimmertemperatur reift) A Die unterschiedliche Konsistenz der drei Joghurts in den Gläsern 3, 4 und 5 (siehe Fotos S. 19) ist offensichtlich.

Sauerrahm

Glas Nr. 23 | Sahne 32 % | 2 EL Sauerrahm 15 % | 30 °C | 18 h

K sehr stichfest, cremigere Konsistenz als gekaufter Sauerrahm G fetter, milder, cremiger, eher wie Crème fraîche A Der selbst gemachte Sauerrahm in Glas 23 ist fester, gelblicher und cremiger als gekaufter (siehe Foto S. 17). Variante: Milch und Sahne mischen.

Die auf den Fotos (S. 17 und 19) angegebenen Glasnummern zeigen, um welches Produkt/welche Variante es sich jeweils handelt.

Fettarmes Naturjoghurt 1,5 %

Glas Nr. 8 | fettarme Milch 1,5 % | fettarmes Joghurt 1 % | 42 °C | 10 h

K annähernd stichfest, viel Molke hat sich abgesetzt, nach Verrühren überhaupt nicht cremig, sehr wässrig, bröckelig G unangenehme Konsistenz, sehr mild, fast geschmacklos, molkeartig

Glas Nr. 9 | fettarme Milch 1,5 % | fettarmes Joghurt 1 % + Magermilch-pulver | 42 °C | 10 h

K fester als Nr. 8, nach Umrühren grießelig, annähernd cremig G leicht säuerlich, besser als Nr. 8 A In Glas 8 hat sich oben und seitlich viel Molke abgesetzt. Nach dem Verrühren sind beide Joghurts in Glas 8 und 9 eher wässrig und grießelig bis bröckelig (siehe Fotos S. 17).

Griechisches Joghurt

Glas Nr. 1 | Kuhmilch 3,5 % | Kefiralio „Griego“ | 42 °C | 8 h; 10 h; 12 h

K stichfest, nach dem Verrühren cremig, dicklich G mild, neutral, kein typischer Joghurtgeschmack, eher wie Sahne-Ersatz; ; bei 10 h bzw. 12 h Fermentationszeit zunehmend saurer

Glas Nr. 2 | Kuhmilch 3,5 % | Griechisches Joghurt 10 % | 42 °C | 10 h

K stichfest, nach dem Verrühren etwas flüssiger, grießelig G sehr sauer

Glas Nr. 17 | Rohmilch | Griechisches Joghurt 3,5 % | 42 °C | 8 h

K stichfest, nach dem Verrühren sehr cremig, obwohl zuvor leicht grießelig G Rohmilch ist zu schmecken, schmeckt sehr gut, mollig (angenehm „fett“) A Die drei griechischen Joghurts haben unterschiedliche Oberflächen (Nr. 2 Bläschen, Nr. 17 leichte Fettschicht). Auch die Farbe ist leicht unterschiedlich. Nach dem Umrühren ist das Joghurt in Glas 2 etwas flüssiger und leicht grießelig (siehe Fotos S. 17).

NATURJOGHURT

NATURJOGHURT

NATURJOGHURT

1
GRIECHISCHES JOGHURT
2
17

GRIECHISCHES JOGHURT

FETTARMES NATUR-JOGHURT
9
8

SAUERRAHM
23

DICKMILCH

FETTARMES NATURJOGHURT

Skyr

Glas Nr.	Milch	Kultur	Temperatur	Zeit
10	fettarme Milch 0,5 %	Skyr	42 °C	10 h

K stichfest, sehr viel Molke abgesetzt, vor Verrühren abschütten, dann weniger wässrig, nach Verrühren bröckelig, hat nicht so feste Konsistenz wie gekaufter Skyr G wie fettarmes Joghurt, unangenehme Konsistenz, sehr säuerlich

Glas Nr.	Milch	Kultur	Temperatur	Zeit
11	fettarme Milch 0,5 %	Skyr + Magermilchpulver	42 °C	10 h

K stichfest, deutlich weniger Molke zum Abschütten, nach Umrühren etwas cremiger, aber sehr grießelig G leicht säuerlich, aber milder und besser als Nr. 10

Glas Nr.	Milch	Kultur	Temperatur	Zeit
11 A	Kuhmilch 3,5 %	Skyr 1 %	42 °C	8 h

K sehr stichfest, vor dem Verrühren fast eher so fest wie Frischkäse, fester als fettarme Varianten, lässt sich gut cremig rühren G geschmacklich sehr neutral, sehr cremig, fast fettig, wenn länger fermentiert, dann saurer A In Glas 10 sind die Molkeeinschlüsse oben und seitlich im Glas zu sehen, diese sollte abgeseiht werden. Beide Varianten 10 und 11 sind vor dem Verrühren stichfest, aber brechen am Löffel (siehe Fotos S. 19).

Kefir

Glas Nr.	Milch	Kultur	Temperatur	Zeit
19	Rohmilch 3,5 %	Kefirpilz 3,5 %	24 °C	48–72 h

K mit Kefirpilz bei Zimmertemperatur zubereiteter Kefir muss in einem Tuch oder Plastiksieb abtropfen, Kefir rinnt ab, ist flüssig, Kefirpilz bleibt im Sieb G Geschmack ist gewöhnungsbedürftig, eher „molkiger" Geschmack, allerdings mit Säure A Der Kefir aus Glas 19 wird in einem Tuch (oder Plastiksieb) abgeseiht, der flüssige Kefir wird getrunken, der Kefirpilz (in der Schüssel) wird wieder mit frischer Milch angesetzt (siehe Fotos S. 19).

Glas Nr.	Milch	Kultur	Temperatur	Zeit
19A	Kuhmilch 3,5 %	„Spinnrad" Kefir	35 °C	14 h

K im Joghurtbereiter zubereiteter Kefir ist vor dem Verrühren sehr stichfest, Oberfläche glatt, keine Bläschen, keine abgesetzte Molke, nach dem Umrühren total cremig, viel dickflüssiger als Nr. 19 G schmeckt wie Buttermilch, aber viel cremiger

FILMJÖLK
BULGARO

BUTTERMILCH
SAUERMILCH

SKYR
11 A
10

MATSONI
VIILI

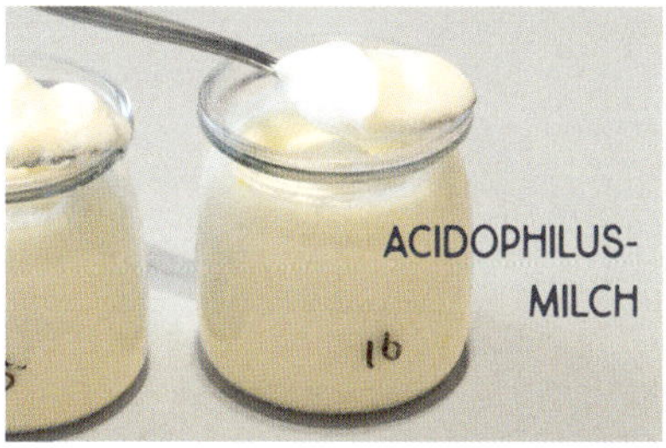
ACIDOPHILUS-
MILCH

19
KEFIR ABSEIHEN

FLÜSSIGER
KEFIR
KEFIRPILZ
19

SKYR

FRISCH-
KÄSE
20
MOLKE ABSEIHEN

LAKTOSE-
FREIES
NATUR-
JOGHURT
6
7

LAKTOSEFREIES
NATURJOGHURT

Bulgarisches (Bulgaro), armenisches/georgisches (Matsoni) und skandinavisches Joghurt (Filmjölk & Viili)

Glas Nr. 12 | Kuhmilch 3,5 % | Kefiralia „Filmjölk“ | 42 °C | 10 h

K fast stichfest, etwas Molke hat sich abgesetzt, nach Umrühren grießelig G mild, süßlich

Glas Nr. 13 | Kuhmilch 3,5 % | Kefiralia „Bulgaro“ | 42 °C | 10 h

K nicht ganz stichfest (rinnt fast vom Löffel, wenig Molke hat sich abgesezt, nach Verrühren sehr dünnflüssig, aber cremig G süßlich, fast wie Rahm

Glas Nr. 21 | Kuhmilch 3,5 % | Kefiralia „Matsoni“ | 42 °C | 8 h

K stichfest, nach Verrühren sehr cremig G leicht säuerlich, fast wie gut verrührter Sauerrahm

Glas Nr. 22 | Kuhmilch 3,5 % | Kefiralia „Viili“ | 42 °C | 8 h

K nicht ganz stichfest, bricht am Löffel, nach Verrühren eher dünnflüssig, aber cremig G sehr eigener, „fettiger“ Geschmack, erinnert an Cremefine A Die Joghurts in den Gläsern 12, 13, 21 und 22 haben unterschiedliche Oberflächen (12 und 13 sind eher wässrig, 21 und 22 sind fester), auch die Stichfestigkeit vor dem Umrühren differiert (siehe Foto S. 17).

Laktosefreies Naturjoghurt

Glas Nr. 6 | Laktosefreie Milch 3,5 % | MyYo Joghurt mild | 42 °C | 10 h

K stichfest, nach Verrühren recht cremig G süßlich!, sehr mild

Glas Nr. 7 | Laktosefreie Milch 3,5 % | laktosefreies Joghurt 1,8 % | 42 °C | 10 h

K auch stichfest, leichte Bläschen auf Oberfläche, Molke setzt sich leicht ab, nach Verrühren trotzdem cremig G leicht süßlich, wirkt „leichter“ A Die Oberflächen der Joghurts in den Gläsern 6 und 7 unterscheiden sich, Nr. 7 zeigt Bläschen am Rand. Beide sind stichfest und haben die gleiche Farbe (siehe Fotos S. 19).

Buttermilch, Sauermilch, Acidophilusmilch und Dickmilch

Glas Nr.	Milch	Impfkultur	Temperatur	Zeit
14	Heumilch 1,5 %	Buttermilch 1 %	30 °C	12 h

K oben hat sich reichlich Molke abgesetzt, vor dem Verrühren fast stichfest, nach dem Verrühren dickflüssig-cremig G schmeckt „wie bei meiner Oma" (Autorin), ist dickflüssiger als gekaufte Buttermilch, nicht grießelig

Glas Nr.	Milch	Impfkultur	Temperatur	Zeit
15	Heumilch 1,5 %	Sauermilch 3,5 %	30 °C	12 h

K fast stichfest, etwas Molke an der Oberfläche, nach Umrühren cremig G sehr mild, milder als Sauermilch

Glas Nr.	Milch	Impfkultur	Temperatur	Zeit
16	Heumilch 1,5 %	Acidophilusmilch 3,5 %	30 °C	12 h

K fast stichfest, glattere Oberfläche ohne abgesetzte Molke, nach Umrühren dickflüssiger und cremiger als gekaufte Acidophilusmilch G „molliger", leicht „fetter" Geschmack, sehr mild

Glas Nr.	Milch	Impfkultur	Temperatur	Zeit
24	Vollmilch 3,5 %	Dickmilch 3,5 %	30 °C	16 h

K stichfest, sehr fest, nach Verrühren cremig G mild und samtig A Die drei Varianten in den Gläsern 14, 15 und 16 haben einen leicht schimmernder Film auf der Oberfläche, alle drei brechen beim Abstechen bzw. rinnen fast vom Löffel (siehe Fotos S. 17).

Frischkäse

Die Gläser mancher Joghurtbereiter haben Siebe für Frischkäse.

Glas Nr.	Milch	Impfkultur	Temperatur	Zeit
20	Kuhmilch 3,5 %	„Spinnrad" Frischkäse	32 °C	12 h

K stichfest, sehr viel Molke setzt sich ab, muss in Sieb über Nacht abtropfen, Molke rinnt ab, Frischkäse bleibt übrig (es bleibt nur die Hälfte der angesetzten Menge übrig, siehe Foto S. 13) G sehr mild und „milchig", fast keine Säure A Selbst gemachter Frischkäse ist zunächst sehr wässrig und weich, je länger er abtropft, umso cremiger wird er.

Vegane Alternative für Joghurt

Glas Nr.	Milch	Starterkultur	Temperatur	Zeit
25	halb magerer Kokosdrink 0,5 % + halb Kokosmilch 80 %	vegane Joghurt-Starterkultur	42 °C	14 h

K Oberfläche leicht wässrig, nicht ganz stichfest, eher gräulich, nicht gelblich wie andere Joghurts, leicht grießelig G anders als Joghurt aus tierischer Milch, keine Säure, leicht süßlich

Die Herstellung kann auch durch Impfung mit veganen Alternativen für Joghurt erfolgen. Allerdings gelingt die Impfmethode nur mit Kokos- bzw. Soja-„Joghurts". Unbedingt darauf achten, dass das gekaufte Produkt auch lebende Bakterien enthält, das ist nicht immer der Fall!

Mikrobiotisches True life-Joghurt (Quintessenz)

Glas Nr.	Milch	Starterkultur	Temperatur	Zeit
18	Kuhmilch 3,5 %	True life Joghurt-Starterkultur mikrobiotisch	42 °C	10 h

K fast stichfest, nach Verrühren dickflüssig-cremig G wenig Säure, angenehmes Mundgefühl, sehr mild

Dieses Joghurt ist besonders bekömmlich und gut für die Darmflora, weil es sowohl Bifido- als auch Lactobakterien enthält.

© Reinhold Zötsch

FEHLER/FRAGE	GRUND	PROBLEMLÖSUNG
fermentiertes Milchprodukt ist zu dünnflüssig, nicht cremig	• verwendete Milch ist zu fettarm • kein Magermilchpulver verwendet • Fettgehalt von Milch und Fermentationszusatz sind unterschiedlich	• Milch mit höherem Fettanteil verwenden (je fetter die Milch, umso cremiger) • bei fettarmer Milch immer Milchpulver dazugeben (erhöht die Trockenmasse des Joghurts) • Fettgehalt von Milch und Fermentationszusatz anpassen
	Temperatur bei der Zubereitung passt nicht	Temperatur wie in den Rezepten angegeben einstellen (je nach gewünschtem Milchprodukt zwischen 30 und 42 °C)
	Joghurtbehälter bzw. Gläser wurden während der Reifung bewegt	Joghurtansatz während der gesamten Reifezeit auf keinen Fall bewegen
	zu hoher Säuregehalt	Rezeptangaben genau beachten – Obst/Gemüse niemals roh zugeben (nur bereits fermentiertem Joghurt kann auch rohes Obst beigefügt werden)
Molke setzt sich ab	**natürlicher Prozess, kein Fehler:** Molke (Milchserum) trennt sich vom fermentierten Milchprodukt und setzt sich meist an der Oberfläche ab	je nach fermentiertem Produkt setzt sich mehr oder weniger Molke ab, ist nicht vermeidbar, die Molke einfach untermischen (oder abseihen und trinken)
Milchprodukt ist nicht stichfest	nicht lang genug fermentiert	angegebene Reifezeit einhalten oder nachreifen lassen
	Milch zu wenig fett	um eine besonders stichfeste und stabile Konsistenz zu erhalten, fettarmer Milch vor der Zubereitung noch 2–3 Esslöffel Milchpulver beifügen
	nicht jedes fermentierte Milchprodukt wird automatisch stichfest, es gibt auch dünnflüssige, cremige Produkte	je nach verwendeter Starterkultur ergeben sich unterschiedliche Konsistenzen, für stichfestes Joghurt z. B. entsprechende Kulturen wählen

KÜRBIS-KURKUMA-JOGHURT

300 g Kürbis (z. B. Hokaido)
100 ml Sahne
1 Prise Muskatnuss
1 Prise Kurkuma
700 ml Vollmilch 3,5 %
50 g Zucker
100 g Naturjoghurt 3,5 %
50 g geriebene Schokolade

- Kürbis schälen, in kleine Würfel schneiden und mit der Sahne und 100 ml Wasser sehr weich kochen.
- Pürieren, falls gewünscht durch ein feines Sieb streichen und mit Muskatnuss und Kurkuma verrühren.
- Milch und Zucker aufkochen, Kürbispüree dazugeben und gut verrühren, auf 42 °C abkühlen lassen.
- Naturjoghurt zugeben und gut vermischen, in Gläser füllen und mit Schokoladeraspeln bestreuen.
- Bei 42 °C 8 Stunden fermentieren lassen, danach im Kühlschrank auskühlen lassen.

ALLGEMEINE HINWEISE FÜR ALLE REZEPTE

- Die Zutaten bei den Rezepten wurden jeweils auf eine Gesamtmenge von ca. 1,1 bis maximal 1,5 Liter berechnet.
- Die Rezepte auf den folgenden Seiten wurden durchwegs in Joghurtbereitern mit mehreren kleinen Gläsern mit Deckel fermentiert. Wer keinen Joghurtbereiter besitzt, kann das Milchprodukt in Schraubverschluss- oder Einmachgläsern im Wasserbad im Backofen fermentieren (gleiche Fermentationstemperatur und -zeit).
- Die Herstellung von Joghurt im Joghurtbereiter oder im Backofen ist Schritt für Schritt auf S. 12 beschrieben.
- Bei fast allen Rezepten wurde als Fermentationsmethode das Impfen mit bereits fertigen fermentierten Milchprodukten gewählt. Ersatzweise kann stattdessen auch Starterkultur in Pulverform verwendet werden; die benötigte Menge pro Liter Milch ist jeweils auf der Verpackung angegeben.

REZEPTVARIATIONEN: NICHT IMMER NUR JOGHURT …

- Auch wenn die Rezepte großteils auf Joghurt ausgelegt sind und deshalb meist Naturjoghurt als Fermentationsstarter dient, können auch andere fermentierte Milchprodukt hergestellt werden: einfach das Naturjoghurt durch Sauermilch, Dickmilch, Skyr, Acidophilusmilch usw. ersetzen (bzw. durch die entsprechende Starterkultur in Pulverform). Achtung: Sauermilch, Buttermilch, Acidophilusmilch, Dickmilch, Sauerrahm und Kefir benötigen eine andere Fermentatiostemperatur und -zeit (siehe Grundrezepte ab S. 14).

Kürbis-Kurkuma-
Joghurt

JOGHURT MIT MANDELN
UND GEWÜRZNELKEN

100 g Mandeln
1 l Vollmilch 3,5 %
4 Gewürznelken
60 g Kondensmilch
100 g Naturjoghurt 3,5 %
ev. grob geriebene Mandeln oder Mandelstifte zum Bestreuen

- Mandeln grob hacken und in einer Pfanne ohne Fett anrösten, abkühlen lassen und dann ganz fein mahlen.
- Vollmilch mit gemahlenen Mandeln und Gewürznelken aufkochen, Kondensmilch dazugeben und danach auf 42 °C abkühlen lassen.
- Gewürznelken herausnehmen und die Milch-Mandel-Mischung mit dem Naturjoghurt vermischen.
- In Gläser füllen, falls gewünscht mit geriebenen Mandeln oder Mandelstiften bestreuen und bei 42 °C 8 Stunden fermentieren lassen.
- Danach im Kühlschrank abkühlen lassen.

ZICHORIENKAFFEEJOGHURT
MIT KEKSEN

1 l Vollmilch 3,5 %
40 g Zichorienkaffeepulver
100 g Rohzucker
100 g Kekse (z. B. Schokoladenkekse)
100 g Naturjoghurt 3,5 %

- Milch aufkochen, Zichorienkaffeepulver und Rohzucker dazugeben, alles gut verrühren und aufkochen.
- Dann vom Herd nehmen und auf 42 °C abkühlen lassen, falls gewünscht, abseihen.
- Die Kekse in Stücke brechen und in den Gläsern verteilen.
- Die abgekühlte Milch-Kaffee-Mischung mit dem Naturjoghurt vermischen.
- In die Gläser über die Kekse gießen und bei 42 °C 7 Stunden fermentieren lassen.
- Danach im Kühlschrank abkühlen lassen.

Tipp *Bei den Rezepten ist meist Vollmilch 3,5 % angegeben. Auch die Milch kann nach Belieben ausgetauscht werden (z. B. Schafmilch statt Kuhmilch, Magermilch 1,5 % statt Vollmilch 3,5 %, laktosefreie Milch etc.).*

Zichorienkaffeejoghurt mit Keksen
Joghurt mit Mandeln und Gewürznelken

GRANOLA-SAUERMILCH

GRANOLA

200 g Haferflocken
50 g gehobelte Mandeln
30 g Kokosraspel
1 TL Vanillezucker
1 Prise Zimt
50 g Kokosöl
80 g Honig

SAUERMILCH

1 l Milch 3,5 %
100 ml Sauermilch

- Für das Granola Haferflocken, Mandeln, Kokosraspel und Gewürze gut vermischen. Kokosöl mit Honig in einem kleinen Topf erhitzen und zur Getreidemischung dazugeben.
- Alles gut verrühren und auf ein mit Backpapier ausgelegtes Backblech verteilen, im vorgeheizten Backofen bei 180 °C ca. 15 Minuten hellbraun backen.
- Danach auskühlen lassen und je einen EL Granola in den Joghurtgläsern verteilen (restliches Granola in einem Schraubverschlussglas aufbewahren und z. B. als Müsli genießen).
- Milch aufkochen, danach auf 30 °C abkühlen und die Sauermilch unterrühren.
- Milchmischung auf die Granolaschicht in den Gläsern gießen.
- Bei 30 °C 12 Stunden fermentieren lassen, danach im Kühlschrank abkühlen lassen.

VANILLEJOGHURT

MIT LEMON CURD

LEMON CURD

75 g Butter
Abrieb und Saft von 2 Bio-Zitronen
150 g Kristallzucker
2 Eier

JOGHURT

1 Vanilleschote
900 ml Vollmilch 3,5 %
100 g Naturjoghurt 3,5 %

- Für die Lemon Curd Butter in einem Topf schmelzen. Zitronenabtrieb und -saft sowie Zucker hinzufügen, gut verrühren.
- Eier verquirlen und dazugeben, unter ständigem Rühren auf 80 °C erhitzen, danach vom Herd nehmen und etwas abkühlen lassen.
- In jedes Joghurtglas eine Schicht der Lemon Curd einfüllen und vollständig abkühlen lassen.
- Vanilleschote halbieren, Mark auskratzen, Schote und Mark mit der Milch aufkochen, abseihen und danach auf 42 °C abkühlen.
- Joghurt mit der Vanillemilch verrühren, vorsichtig auf die Lemon Curd in den Gläsern gießen.
- Bei 42 °C 8 Stunden fermentieren lassen, danach im Kühlschrank abkühlen lassen.

Tipp *Lemon Curd ist eine Zitronencreme englischer Herkunft. Sie schmeckt auch herrlich als Brotaufstrich oder als Füllung für Torten, Kekse usw.*

Vanillejoghurt mit Lemon Curd
Granola-Sauermilch

KOKOSJOGHURT
AUF HEIDELBEEREN

FRUCHSCHICHT

350 g Heidelbeeren
80 g Zucker
Abrieb von 1 Bio-Zitrone

JOGHURT

800 ml Milch 0,9 %
50 g Kokosraspel
5 cl Kokoslikör (z. B. Malibu)
100 g Naturjoghurt 0,9 %
1 EL Magermilchpulver

- Heidelbeeren mit Zucker und Zitronenabrieb aufkochen und etwa 5 Minuten bei geringer Hitze köcheln lassen.
- Das Fruchtmus in den Joghurtgläsern verteilen und vollständig abkühlen lassen.
- Milch mit Kokosraspeln und Kokoslikör aufkochen, danach auf 42 °C abkühlen lassen, mit Naturjoghurt und Magermilchpulver vermischen und mithilfe eines Löffels vorsichtig auf die Heidelbeeren gießen.
- Bei 42 °C 8 Stunden fermentieren lassen, danach im Kühlschrank abkühlen lassen.

Tipp *Für die Fruchtschicht oder als Geschmacksgeber dürfen niemals rohe Früchte verwendet werden, weil sie den Fermentierungsprozess negativ beeinflussen würden!*

TONKABOHNENJOGHURT

4 Tonkabohnen
1 l Vollmilch 3,5 %
40 g Zucker
100 g Naturjoghurt 3,5 %

- Tonkabohnen mit einem Messer grob zerkleinern und mit Milch und Zucker aufkochen.
- Danach auf 42 °C abkühlen lassen und abseihen.
- Die abgekühlte Milch mit dem Naturjoghurt vermischen und in Gläser füllen.
- Bei 42 °C 8 Stunden fermentieren lassen, danach im Kühlschrank abkühlen lassen.

Tonkabohnen-
joghurt
Kokosjoghurt
auf Heidelbeeren

HOLUNDERBEERENJOGHURT

1 l Vollmilch 3,5 %
200 g Zucker
1 Zimtstange
200 g Holunderröster
100 g Naturjoghurt 3,5 %

- Milch mit Zucker und Zimtstange in einem Topf aufkochen, danach auf 42 °C abkühlen lassen und abseihen.
- Mit Holunderröster und Joghurt vermischen und in Gläser füllen.
- Bei 42 °C 8 Stunden fermentieren lassen, danach im Kühlschrank abkühlen lassen.

HOLUNDERRÖSTER SELBST GEMACHT

500 g schwarze Holunderbeeren
100 g Butter
50–70 g Zucker
1 Prise Zimt
1 Prise Nelkenpulver
1 mittelgroße Birne (oder 1 Apfel)
10 Zwetschken
1 altbackenes Stück Toastbrot

- Die sauber abgezupften reifen Beeren mit Butter und Zucker in einer Pfanne ca. 5 Minuten dünsten.
- Dann die Birne schälen, vom Kerngehäuse befreien und blättrig schneiden.
- Zu den Holunderbeeren geben, halbierte, entkernte Zwetschken ebenfalls dazugeben und weiterdünsten, bis die Früchte schön weich sind.
- Zum Schluss das Toastbrot zerkrümeln und hinzufügen, gut verrühren.
- Statt Toastbrot kann man auch Maisstärke zum Binden des Holunderrösters verwenden.

APFEL-SPEKULATIUS-JOGHURT

FRUCHTSCHICHT
1 Apfel
20 g Zucker
1 Prise Zimt

JOGHURT
1 l Vollmilch 3,5 %
50 g Zucker
100 g Spekulatiuskekse
100 g Naturjoghurt 3,5 %

- Für die Fruchtschicht Apfel schälen und in Würfel schneiden.
- 20 g Zucker in einem kleinen Topf karamellisieren lassen, bis er schön goldbraun ist, dann Apfelwürfel und Zimt zugeben und unter Rühren 2 Minuten dünsten.
- In jedes Joghurtglas eine Schicht Apfelwürfel geben und vollständig abkühlen lassen.
- Milch mit 50 g Zucker aufkochen, in kleine Stücke gebrochene Kekse dazugeben und auf 42 °C abkühlen lassen.
- Die Milch-Kekse-Mischung mit dem Stabmixer pürieren und mit dem Joghurt verrühren, auf die Äpfel in den Gläsern gießen.
- Bei 42 °C 8 Stunden fermentieren lassen, danach im Kühlschrank abkühlen lassen.

Holunderbeerenjoghurt

vegan

KOKOSDESSERT
MIT ANANAS UND KOKOSLIKÖR

130 g Ananas (aus der Dose)
30 g Agavendicksaft
40 ml Kokoslikör
500 ml Kokosmilch mind. 78 %
500 ml Kokosdrink 0,5 %
1 Pck. vegane Joghurtkultur

- Ananas in kleine Stücke schneiden, mit Agavendicksaft und Malibu aufkochen und 3 Minuten köcheln lassen.
- Kokosmilch mit Kokosdrink erhitzen, Ananas zugeben und auf 42 °C abkühlen lassen.
- Mit Starterkultur verrühren und in Gläser füllen, bei 42 °C 14 Stunden fermentieren lassen.
- Danach im Kühlschrank abkühlen lassen.

DICKMILCH
MIT CRANBERRYS UND KOKOSFLOCKEN

FRUCHTSCHICHT
150 g getrocknete Cranberrys
90 g Zucker
20 g Kokosflocken

DICKMILCH
1 l Vollmilch 3,5 %
100 g Dickmilch

- Cranberrys etwas zerkleinern, mit Zucker, Kokosflocken und 2 EL Wasser aufkochen und 3 Minuten köcheln lassen.
- Danach in jedes Joghurtglas eine Fruchtschicht geben und abkühlen lassen.
- Milch auf 30 °C erwärmen, mit der Dickmilch verrühren und auf die Cranberryschicht in den Gläsern füllen.
- Bei 30 °C ca. 12 Stunden fermentieren lassen.

Tipp: Wie auf S. 14 beschrieben, kann man Dickmilch auf verschiedene Arten zubereiten.

Kokosdessert mit Ananas und Kokoslikör

Dickmilch mit Cranberrys und Kokosflocken

CREMIGES MOHNJOGHURT
AUF HIMBEERSCHICHT

FRUCHSCHICHT
150 g Himbeeren
50 g Staubzucker

JOGHURT
900 ml Vollmilch 3,5 %
30 g Mohn
50 g Kristallzucker
50 g Mascarpone
100 g Naturjoghurt 3,5 %

- Himbeeren mit Staubzucker in einem kleinen Topf aufkochen und etwa 3 Minuten köcheln lassen.
- In jedes Joghurtglas eine Schicht Himbeeren geben und vollständig abkühlen lassen.
- Vollmilch mit Mohn und Kristallzucker aufkochen, Mascarpone dazugeben und gut verrühren. Danach auf 42 °C abkühlen und mit Naturjoghurt vermischen.
- Auf die ausgekühlten Himbeeren in den Gläsern gießen und bei 42 °C 8 Stunden fermentieren lassen.
- Danach im Kühlschrank abkühlen lassen.

BANANENJOGHURT

2 Bananen
8 EL Rohzucker
5 cl Bananenlikör
1 l Vollmilch 3,5 %
2 EL Vanillezucker
100 g Naturjoghurt 3,5 %

- Bananen schälen, in Scheiben schneiden und mit Rohzucker in einem kleinen Topf 5 Minuten unter ständigem Rühren köcheln lassen. Mit Bananenlikör ablöschen.
- Milch mit Bananenmmasse und Vanillezucker aufkochen lassen und mit dem Stabmixer pürieren.
- Auf 42 °C abkühlen lassen und mit Naturjoghurt vermischen.
- In Gläser füllen und bei 42 °C 8 Stunden fermentieren lassen, danach im Kühlschrank abkühlen lassen.

Cremiges Mohnjoghurt auf Himbeerschicht
Bananenjoghurt

MARZIPANJOGHURT
AUF ROTWEIN-SCHOKO-KIRSCHEN

FRUCHSCHICHT
200 g Kirschen
30 g Zucker
5 cl Rotwein (Portwein)
10 g Maisstärke
20 g Zartbitterschokolade

JOGHURT
30 g Marzipan
1 l Milch 3,5 %
200 g Naturjoghurt 3,5 %

- Für die Fruchtschicht Kirschen entkernen, Zucker in einem kleinen Topf karamellisieren, mit Rotwein ablöschen und köcheln lassen, bis der karamellisierte Zucker sich auflöst. Kirschen dazugeben und ein paar Minuten köcheln lassen, danach abseihen. Saft auffangen, zurück in den Topf geben und aufkochen lassen.
- Maisstärke mit 2 EL kaltem Wasser verrühren und zum kochenden Saft geben.
- Unter ständigem Rühren aufkochen und vom Herd nehmen, Kirschen wieder dazugeben und abkühlen lassen. Schokolade in kleine Stücke hacken und zu den Kirschen geben, in jedes Joghurtglas eine Schicht geben und auskühlen lassen.
- Milch aufkochen, Marzipan in Stücke schneiden und zugeben, gut verrühren und danach auf 42 °C abkühlen lassen.
Marzipanmilch mit Joghurt vermischen und auf die Fruchtschicht in den Gläsern gießen.
8 Stunden bei 42 °C fermentieren lassen, danach im Kühlschrank abkühlen lassen.

HIMBEERJOGHURT
MIT ZITRONE

150 g frische Himbeeren
60 g Staubzucker
½ Vanilleschote
1 Bio-Zitrone
900 ml Vollmilch 3,5 %
100 g Naturjoghurt 3,5 %

- Himbeeren mit Staubzucker, ausgekratztem Vanillemark sowie der Vanilleschote und 2 EL Wasser in einem kleinen Topf aufkochen und 5 Minuten köcheln lassen, Vanilleschote entfernen.
- Himbeermasse mit dem Stabmixer pürieren und durch ein Sieb streichen.
- Die Schale von der Zitrone fein abreiben und mit der Milch aufkochen lassen, danach auf 42 °C abkühlen lassen und abseihen.
- Pürierte Himbeeren mit Naturjoghurt vermischen und zur Milch geben, gut verrühren.
- In Gläser füllen und bei 42 °C 8 Stunden fermentieren lassen. Danach im Kühlschrank abkühlen lassen.

Marzipanjoghurt
auf Rotwein-
Schoko-Kirschen

KEFIR
NATUR

1 l Vollmilch 3,5 %
1 Pck. Kefir-Starterkultur

- Milch aufkochen, danach auf 30 °C abkühlen lassen und mit der Kefir-Starterkultur vermischen.
- In Gläser füllen und bei 30 °C mindestens 16 Stunden fermentieren lassen.
- Danach im Kühlschrank abkühlen lassen.

Tipp *Statt mit einer Starterkultur kann Kefir auch mit einem Kefirpilz gemacht werden (siehe S. 13).*

KEFIR
MIT CRANBERRYS

1 l Vollmilch 3,5 %
60 g Zucker
1 Prise Zimt
200 g frische Cranberrys
1 Pck. Kefir-Starterkultur

- Milch mit Zucker und Zimt aufkochen, etwas abkühlen lassen.
- Cranberrys waschen, abtropfen lassen und zur Milch geben, sehr fein pürieren.
- Danach auf 30 °C abkühlen lassen und mit der Kefir-Starterkultur vermischen. In Gläser füllen und bei 30 °C mindestens 16 Stunden fermentieren lassen.
- Danach im Kühlschrank abkühlen lassen.

BUTTERMILCH
MIT PISTAZIEN

900 ml Vollmilch 3,5 %
80 g Pistazienkerne
60 g Staubzucker
1 Prise gemahlener Kardamom
100 ml Buttermilch 3,5 %

- Milch mit Pistazien, Staubzucker und Kardamom aufkochen und sehr fein pürieren.
- Danach auf 30 °C abkühlen lassen und mit der Buttermilch vermischen.
- In Gläser füllen und bei 30 °C 12 Stunden fermentieren lassen.
- Danach im Kühlschrank abkühlen lassen.

Kefir Natur
Kefir mit Cranberrys
Buttermilch mit Pistazien

SAUERMILCH
MIT ZITRONENGRAS UND INGWER

900 ml Vollmilch 3,5 %
20 g Zitronengras
10 g frischer Ingwer
30 g Rohzucker
100 ml Sauermilch 3,5 %

- Milch mit Zitronengras, Ingwer und Rohzucker aufkochen.
- Danach auf 30 °C abkühlen lassen und abseihen.
- Mit der Sauermilch gut verrühren und in Gläser füllen. Bei 30 °C 16 Stunden fermentieren lassen, danach im Kühlschrank abkühlen lassen.

ACIDOPHILUSMILCH
MIT KOKOSRASPELN UND LIMETTENBLÄTTERN

900 ml Vollmilch 3,5 %
8 frische Limettenblätter
40 g Kokosblütenzucker
60 g Kokosraspel
100 ml Acidophilusmilch 3,5 %

- Milch mit Limettenblättern und Kokosblütenzucker aufkochen.
- Danach auf 30 °C abkühlen lassen und abseihen.
- Kokosraspel zugeben und mit der Acidophilusmilch gut verrühren.
- In Gläser füllen und bei 30 °C 16 Stunden fermentieren lassen.
- Danach im Kühlschrank abkühlen lassen.

Tipp *Die Limettenblätter kann man durch Kräuter ersetzen, z. B. durch 3 Zweige Apfel- oder Pfefferminze, Zitronenmelisse oder Rosmarin.*

Acidophilusmilch mit Kokosraspeln und Limettenblättern
Sauermilch mit Zitronengras und Ingwer

JOGHURT MIT BASILIKUM
AUF ERDBEERMUS

ERDBEERMUS
300 g Erdbeeren
3 Basilikumblätter
50 g Zucker

JOGHURT
800 ml Milch 1,5 %
2 Basilikumzweige
30 g Zucker
100 g Naturjoghurt 1,5 %
1 EL Magermilchpulver

- Für das Fruchtmus Erdbeeren waschen, Stielansatz entfernen und Früchte in kleine Stücke schneiden. Basilikumblätter klein schneiden, mit 50 g Zucker und den Erdbeeren in einen kleinen Topf geben und aufkochen, 5 Minuten köcheln lassen.
- In jedes Joghurtglas eine Schicht Erdbeermus geben und vollständig abkühlen lassen.
- Milch mit Basilikumzweigen und 30 g Zucker aufkochen, dann abseihen.
- Auf 42 °C abkühlen und mit Naturjoghurt und Magermilchpulver vermischen, vorsichtig auf die Erdbeerschicht in den Gläsern gießen.
- Bei 42 °C 8 Stunden fermentieren lassen, danach im Kühlschrank abkühlen lassen.

MATCHAJOGHURT

800 ml Milch 3,5 %
50 g fein geriebene Kürbiskerne
120 g Mascarpone
100 g Kondensmilch
2 EL Matchapulver
100 g Naturjoghurt 3,5 %

- Milch mit Kürbiskernen aufkochen, Mascarpone mit Kondensmilch und Matchapulver gut verrühren und zur Milch dazugeben.
- Die Matcha-Kürbiskern-Milch auf 42 °C abkühlen lassen und mit dem Joghurt vermischen.
- In Gläser füllen und bei 42 °C 8 Stunden fermentieren lassen. Danach im Kühlschrank abkühlen lassen.

Tipp *Wenn Sie statt der Kondensmilch zusätzlich 100 ml Vollmilch verwenden und das Ganze mit Salz und Pfeffer würzen, wird aus einem süßen Dessert ein pikanter Dip!*

Matchajoghurt
Joghurt mit Basilikum auf Erdbeermus

ERDNUSSBUTTERJOGHURT

800 ml
Vollmilch 3,5 %
40 g Kokosblüten-zucker
200 g Erdnuss-buttercreme
100 g Natur-joghurt 3,5 %

- Milch mit Kokosblütenzucker aufkochen, Erdnussbuttercreme dazugeben und gut verrühren.
- Eventuell mit dem Stabmixer pürieren, danach auf 42 °C abkühlen und mit Joghurt vermischen.
- In Gläser füllen und bei 42 °C fermentieren lassen. Danach im Kühlschrank abkühlen lassen.

VANILLEJOGHURT

1 Vanilleschote
1 l Vollmilch 3,5 %
50 g Zucker
100 g Natur-joghurt 3,5 %

- Vanilleschote längs halbieren, Mark auskratzen, Vanillemark und Schote mit Milch und Zucker aufkochen, danach auf 42 °C abkühlen lassen.
- Die Schote herausnehmen und Vanillemilch mit Naturjoghurt vermischen.
- In Gläser füllen und bei 42 °C 8 Stunden fermentieren lassen. Danach im Kühlschrank abkühlen lassen.

KAFFEEJOGHURT

150 ml starker, schwarzer Kaffee
150 g Zucker
1 l Milch 3,5 %
150 g Natur-joghurt 3,5 %

- Kaffee mit Zucker in einer kleinen Kasserolle aufkochen und ca. 10 Minuten reduzieren lassen, bis ein dicker Sirup entsteht.
- Milch aufkochen und danach auf 42 °C abkühlen lassen, mit Kaffeesirup und Joghurt verrühren.
- In Gläser füllen, 8 Stunden fermentieren lassen, danach im Kühlschrank abkühlen lassen.

Vanille-
joghurt
Erdnussbutter-
joghurt

JOGHURT
NACH MOZARTKUGEL-ART

NOUGATSCHICHT
80 ml Sahne
150 g Nougat
1 cl Mozart-Likör

GRÜNE SCHICHT
120 g Marzipan
80 ml Sahne
100 g fein gemahlene Pistazien

JOGHURT
1 Vanilleschote
700 ml Vollmilch 3,5 %
70 g Naturjoghurt 3,5 %

- Für die Nougatschicht Sahne in einen kleinen Topf geben, Nougat darin schmelzen lassen, Likör zugeben und gut verrühren. Die Masse in den Joghurtgläsern verteilen, vollständig auskühlen lassen.
- Für die grüne Schicht Marzipan in kleine Stücke schneiden, mit Sahne in einem kleinen Topf schmelzen lassen, Pistazien zugeben. Diese Masse auf die ausgekühlte Nougatschicht in den Gläsern füllen und ebenfalls auskühlen lassen.
- Vanilleschote längs halbieren, Mark auskratzen, Vanillemark und Schote mit Milch aufkochen, auf 42 °C abkühlen lassen und abseihen.
- Mit Naturjoghurt vermischen und vorsichtig auf die grüne Schicht in den Gläsern gießen, bei 42 °C für 8 Stunden fermentieren lassen. Danach im Kühlschrank abkühlen lassen.

STRACCIATELLAJOGHURT

900 ml Vollmilch 3,5 %
100 ml Sahne
120 g Zartbitterschokolade
100 g Naturjoghurt 3,5 %

- Milch mit Sahne in einem Topf aufkochen, danach auf 42 °C abkühlen lassen.
- Zartbitterschokolade mit einer Reibe grob raspeln und die Hälfte davon mit dem abgekühlten Milch-Sahne-Gemisch und dem Naturjoghurt vermischen.
- In Gläser füllen, mit der zweiten Hälfte der Schokoladenraspel bestreuen und bei 42 °C 8 Stunden fermentieren lassen. Danach im Kühlschrank abkühlen lassen.

Joghurt nach
Mozartkugel-Art

vegan

CASHEWCREME
NATUR

300 g Cashewnüsse
1 l Wasser
50 g Zucker
1 Pck. vegane Joghurtkultur
1 TL Johannisbrotkernmehl

- Cashewnüsse mit Wasser 24 Stunden einweichen, danach sehr fein pürieren.
- Mit Zucker vermischen, auf 42 °C erhitzen und die Joghurtkultur sowie das Johannisbrotkernmehl hinzufügen und gut verrühren.
- Cashewmasse in Gläser füllen und bei 42 °C 10 Stunden fermentieren lassen.
- Danach im Kühlschrank abkühlen lassen.

vegan

CASHEWDESSERT
MIT FEIGEN

250 g Cashewnüsse
900 l Wasser
120 g Feigen
20 g Zucker
1 TL Guarkernmehl
1 Pck. vegane Joghurtkultur

- Cashewnüsse mit Wasser 24 Stunden einweichen, danach sehr fein pürieren.
- Feigen klein schneiden, mit Zucker zum Cashewdrink geben und auf 42 °C erhitzen.
- Guarkernmehl unterrühren, Joghurtkultur hinzufügen, gut vermischen und in Gläser füllen.
- Bei 42 °C 10 Stunden fermentieren lassen, danach im Kühlschrank abkühlen lassen.

NOUGATJOGHURT

900 ml Vollmilch 3,5 %
1 Zimtstange
1 Stk. Sternanis
200 g Nougat
100 g Naturjoghurt 3,5 %

- Milch mit Zimtstange und Sternanis aufkochen, dann abseihen.
- Nougat in Stücke schneiden und in der heißen Milch schmelzen lassen, gut verrühren.
- Auf 42 °C abkühlen lassen, mit Naturjoghurt vermischen und in Gläser füllen.
- Bei 42 °C 8 Stunden fermentieren lassen, danach im Kühlschrank abkühlen lassen.

Cashewcreme
Natur
Nougat-
joghurt
Cashewdessert
mit Feigen

MANGO-MARACUJA-TRAUM

FRUCHSCHICHT

80 g Zucker
2 cl Maracujasaft
100 g Mango
4 Maracujas

JOGHURT

½ Vanilleschote
800 ml Vollmilch 3,5 %
100 g Naturjoghurt 3,5 %

- Zucker in einemTopf karamellisieren, mit Maracujasaft ablöschen.
- Mango schälen und in kleine Würfel schneiden, Maracujas halbieren und mit Löffel die Pulpe herausnehmen, mit Mangowürfeln zum Karamell geben. So lange köcheln, bis die Masse eindickt, in den Joghurtgläsern verteilen und vollständig abkühlen lassen.
- Vanilleschote der Länge nach halbieren, Mark auskratzen und Mark sowie Schote mit der Milch aufkochen.
- Auf 42 °C abkühlen lassen, Vanilleschote herausnehmen, Joghurt unterrühren und vorsichtig auf die Fruchtschicht in den Gläsern gießen (am besten über einen umgedrehten Löffel).
- 8 Stunden bei 42 °C fermentieren lassen, danach im Kühlschrank abkühlen lassen.

ZITRONENJOGHURT

2 Bio-Zitronen
50 g Rohzucker
1 l Vollmilch 3,5 %
100 g Naturjoghurt 3,5 %

- Die Schale von den Zitronen fein abreiben und mit dem Zucker zur Milch geben.
- Die Milch zum Kochen bringen, dann auf 42 °C abkühlen lassen und abseihen. Mit Naturjoghurt vermischen und in Gläser füllen.
- Bei 42 °C 8 Stunden fermentieren lassen, danach im Kühlschrank abkühlen lassen.

ROSENJOGHURT

AUF AMARETTO-HEIDELBEEREN

FRUCHTSCHICHT

150 g frische Heidelbeeren
50 g Staubzucker
2 cl Amaretto

JOGHURT

900 ml Vollmilch 3,5 %
2 EL Rosenwasser
100 g Naturjoghurt 3,5 %

- Heidelbeeren mit Staubzucker und Amaretto in einem kleinen Topf aufkochen.
- Die Beeren etwas zerdrücken und 3 Minuten köcheln lassen.
- Fruchtmus in den Joghurtgläsern verteilen und vollständig abkühlen lassen.
- Milch aufkochen, danach auf 42 °C abkühlen lassen.
- Rosenwasser und Naturjoghurt unterrühren und vorsichtig auf die Heidelbeerschicht in den Gläsern gießen.
- Bei 42 °C 8 Stunden fermentieren lassen, danach im Kühlschrank abkühlen lassen.

Mango-
Maracuja-
Traum

APFELSTRUDELJOGHURT

APFELSTRUDEL-SCHICHT

80 g Rosinen
2 cl Rum
2 Äpfel
50 g Zucker
½ TL Zimt
60 g hauchdünne Strudelteigblätter (½ Pckg.)

JOGHURT

800 ml Vollmilch 3,5 %
½ Vanilleschote
100 g Naturjoghurt 3,5 %

- Rosinen 30 Minuten im Rum einweichen lassen, Apfel schälen, vom Kerngehäuse befreien und in Würfel schneiden.
- Zucker in einem kleinen Topf karamellisieren, bis er goldbraun ist. Apfelwürfel sowie Zimt zugeben und unter Rühren 2 Minuten dünsten, dann in den Joghurtgläsern verteilen und vollständig abkühlen lassen.
- Strudelteigblätter auf ein mit Backpapier ausgelegtes Blech geben, bei 200 °C im Ofen 3 Minuten goldbraun backen.
- Nach dem Abkühlen in Stücke brechen und auf der Apfelschicht verteilen.
- Rumrosinen in einem kleinen Topf einmal aufkochen, abkühlen lassen, auf dem Strudelteig verteilen.
- Milch mit ausgekratzter Vanilleschote sowie Vanillemark aufkochen, danach auf 42 °C abkühlen lassen, Vanilleschote herausnehmen.
- Milch mit Naturjoghurt vermischen und vorsichtig auf die Apfelstrudelschicht gießen.
- Bei 42 °C 8 Stunden fermentieren lassen, danach im Kühlschrank abkühlen lassen.

ORANGENDESSERT

1 Bio-Orange
80 g Rohzucker
1 l Vollmilch 3,5 %
1 Rosmarinzweig
100 g Acidophilusmilch 3,5 %

- Die Schale von der Orange fein abreiben (Achtung, nur die oberste Schicht, nicht das Weiße!) und mit dem Zucker zur Milch geben.
- Die Milch mit Rosmarin zum Kochen bringen, sofort abseihen und dann auf 30 °C abkühlen lassen.
- Mit Acidophilusmilch vermischen und in Gläser füllen.
- Bei 30 °C 12 Stunden fermentieren lassen, danach im Kühlschrank abkühlen lassen.

Orangen-
dessert
Apfelstrudel-
joghurt

KARAMELLJOGHURT

150 g Zucker
60 ml Wasser
80 g Butter
1 Prise Salz
120 ml Sahne
800 ml Vollmilch 3,5 %
100 g Naturjoghurt 3,5 %

- Zucker mit Wasser aufkochen, so lange köcheln lassen, bis goldbrauner Karamell entsteht. Butter, Salz und Sahne dazugeben, alles gut verrühren.
- Milch aufkochen und mit dem Karamell verrühren, auf 42 °C abkühlen lassen.
- Mit Naturjoghurt vermischen und in die Gläser füllen, bei 42 °C 8 Stunden fermentieren lassen.
- Danach im Kühlschrank abkühlen lassen.

JOGHURT
AUF PEKANNUSSKARAMELL

PEKANNUSSKARAMELL

150 g Zucker
60 ml Wasser
80 g Butter
1 Prise Salz
120 ml Sahne
200 g Pekannüsse

JOGHURT

800 ml Vollmilch 3,5 %
100 g Naturjoghurt 3,5 %

- Für das Pekanusskaramell Zucker mit Wasser aufkochen, so lange köcheln lassen, bis goldbrauner Karamell entsteht.
- Butter, Salz und Sahne dazugeben, alles gut verrühren und 5–10 Minuten einkochen lassen, bis der Karamell cremig ist.
- Pekannüsse dazugeben, gut verrühren und je eine Schicht dieser Masse in den Joghurtgläsern verteilen, vollständig auskühlen lassen.
- Milch aufkochen und auf 42 °C abkühlen lassen, mit Naturjoghurt vermischen und in die Gläser auf das Pekannusskaramell gießen.
- Bei 42 °C 8 Stunden fermentieren lassen, danach im Kühlschrank abkühlen lassen.

Tipp *Die Pekannüsse können auf Wunsch auch grob gehackt werden. Man kann sie durch Walnüsse oder Haselnüsse ersetzen.*

Karamelljoghurt
Joghurt auf Pekannuss-karamell

vegan

SOJACREME
NATUR

1 l ungesüßter Sojadrink 2,1 %
1 Pck. vegane Joghurtkultur

- Sojadrink auf 42 °C erwärmen und mit Joghurtkultur vermischen.
- In Gläser füllen und bei 42 °C 12 Stunden fermentieren lassen, danach im Kühlschrank abkühlen lassen.

Tipp *Die vegane Joghurtkultur kann durch 100 g gekauftes veganes Sojagurt natur bzw. nach dem ersten Mal Selbermachen mit der selbst hergestellten Sojacreme ersetzt werden.*

vegan

VEGANES SOJADESSERT
MIT DATTELN UND PEKANNÜSSEN

100 g Datteln
40 g Pekannüsse
1 l ungesüßter Sojadrink 2,1 %
60 g Kokosblütenzucker
100 g Sojacreme Natur (Rezept siehe oben)

- Datteln und Pekannüsse in kleine Stücke schneiden.
- Sojadrink mit Kokosblütenzucker auf 42 °C aufwärmen, gut verrühren, bis der Zucker geschmolzen ist.
- Datteln und Pekannüsse dazugeben, mit Sojacreme Natur vermischen.
- In Gläser füllen und bei 42 °C 12 Stunden fermentieren lassen, danach im Kühlschrank abkühlen lassen.

vegan

SÜSSE MANDELCREME
MIT CHIASAMEN

1 l Mandeldrink
40 g Chiasamen
50 g Birkenzucker
1 TL Johannisbrotkernmehl
1 Pck. vegane Joghurtkultur

- Mandeldrink mit Chiasamen, Birkenzucker und Johannisbrotkernmehl aufkochen, danach auf 42 °C abkühlen lassen.
- Mit Joghurtkultur vermischen und in Gläser füllen, bei 42 °C 12 Stunden fermentieren lassen.
- Danach im Kühlschrank abkühlen lassen.

Süße Mandelcreme mit Chiasamen
Sojacreme Natur
Veganes Sojadessert mit Datteln und Pekannüssen

BIFIDUSJOGHURT
AUF KEKSEN UND LEMON CURD

LEMON CURD
Zutaten
siehe S. 28

100 g Kekse
(z. B. Cantuccini)

JOGHURT
1 l Vollmilch 3,5 %
60 g weiße
Schokolade
100 g Bifidus-
joghurt 3,5 %

- Lemon Curd wie auf S. 28 beschrieben zubereiten und etwas abkühlen lassen.
- Die Kekse in den Joghurtgläsern verteilen, darauf die Lemon Curd geben und vollständig abkühlen lassen.
- Milch aufkochen, Schokolade unter ständigem Rühren in der Milch schmelzen, danach auf 42 °C abkühlen und das Joghurt dazurühren.
- Milchmischung vorsichtig auf die Lemon Curd in den Gläsern gießen.
- Bei 42 °C 8 Stunden fermentieren lassen, danach im Kühlschrank abkühlen lassen.

OREO-SKYR

900 ml
Vollmilch 3,5 %
100 ml Sahne
100 g Skyr 1 %
200 g Oreo-Kekse
(oder beliebige
andere Kekse)

- Milch mit Sahne aufkochen und auf 42 °C abkühlen lassen, Skyr einrühren.
- Kekse in kleine Stücke brechen und in den Joghurtgläsern verteilen, mit der Milch-Skyr-Mischung auffüllen.
- Bei 42 °C 8 Stunden fermentieren lassen, danach im Kühlschrank abkühlen lassen.

Oreo-Skyr
Bifidusjoghurt auf Keksen und Lemon Curd

SCHOKOLADEN-KIWI-JOGHURT

FRUCHTSCHICHT
200 g Zucker
100 ml Apfelsaft
4 Kiwis

JOGHURT
800 ml Vollmilch 3,5 %
100 ml Sahne
Abrieb von ½ Limette
200 g Zartbitter-schokolade
100 g ungesüßtes Kakaopulver
100 g Natur-joghurt 3,5 %

- Für die Fruchtschicht Zucker mit Apfelsaft aufkochen und so lange kochen, bis sich der Zucker aufgelöst hat.
- Kiwis schälen, in Würfel schneiden und dazugeben, etwa 5 Minuten unter ständigem Rühren köcheln lassen, Kiwimasse in den Gläsern verteilen, vollständig abkühlen lassen.
- Milch mit Sahne und fein abgeriebener Limettenschale auf-kochen, dann abseihen.
- Schokolade in Stücke schneiden und mit Kakaopulver zur Milch dazugeben, gut verrühren.
- Auf 42 °C abkühlen lassen, Joghurt einrühren und vorsichtig auf die Kiwischicht in den Gläsern gießen.
- Bei 42 °C 7 Stunden fermentieren lassen, danach im Kühlschrank abkühlen lassen.

Tipp *Man kann natürlich auch ein reines Schokoladenjoghurt ohne Fruchtschicht zubereiten und die Zartbitterschokolade zur Hälfte durch Milchschokolade ersetzen.*

vegan

KARDAMOM-MANDELTRAUM
MIT HANFSAMEN

1 l Mandeldrink
4 Kardamom-kapseln
60 g Zucker
30 g Hanfsamen
1 TL Guarkern-mehl
1 Pck. vegane Joghurtkultur

- Mandeldrink mit Kardamom, Zucker, Hanfsamen und Guarkern-mehl unter ständigem Rühren aufkochen.
- Danach auf 42 °C abkühlen lassen, die Kardamomkapseln heraus-nehmen (die Hanfsamen bleiben in der Milch).
- Mit Joghurtkultur vermischen und in Gläser füllen, bei 42 °C 12 Stunden fermentieren lassen.
- Danach im Kühlschrank abkühlen lassen.

Schokoladen-Kiwi-
Joghurt

BAILEYS-SAHNEJOGHURT

KARAMELLSIRUP

200 g Kristallzucker
125 ml Wasser

JOGHURT

800 ml Milch 3,5 %
100 ml Sahne
50 ml Karamellsirup (siehe oben)
100 ml Baileys
100 ml Naturjoghurt 3,5 %

- Für den Karamellsirup Zucker in einem Topf karamellisieren lassen, mit Wasser ablöschen und weiterköcheln lassen, bis alles wieder flüssig ist.
- In eine Flasche füllen, gut verschließen und im Kühlschrank aufbewahren (hält sich mindestens 2 Monate).
- Für das Joghurt Milch mit Sahne aufkochen, Karamellsirup und Baileys dazugeben, gut verrühren und danach auf 42 °C abkühlen lassen.
- Mit Naturjoghurt vermischen und in Gläser füllen, bei 42 °C 8 Stunden fermentieren lassen.
- Danach im Kühlschrank abkühlen lassen.

MARILLEN-WHISKY-JOGHURT

200 g getrocknete Marillen
6 cl Scotch Whisky
60 ml Ahornsirup
1 l Vollmilch 3,5 %
100 g Naturjoghurt 3,5 %

- Getrocknete Marillen in kleine Würfel schneiden, mit 2 cl Scotch Whiskey und 30 ml Ahornsirup vermischen, aufkochen und so lange köcheln, bis die Flüssigkeit verdunstet ist.
- Milch mit restlichem Whiskey und Ahornsirup aufkochen und Marillenstücke dazugeben.
- Danach auf 42 °C abkühlen lassen, mit Joghurt vermischen und in Gläser füllen.
- Bei 42 °C 8 Stunden fermentieren lassen, danach im Kühlschrank abkühlen lassen.

Baileys-
Sahnejoghurt
Marillen-
Whisky-Joghurt

CURRY-CHEDDAR-CREMEJOGHURT

1 l Vollmilch 3,5 %
80 g Cheddarkäse
1 EL Currypulver
80 g Crème fraîche
Salz und Pfeffer
100 g Naturjoghurt 3,5 %

- Milch aufkochen, Cheddarkäse fein reiben, zur Milch geben und schmelzen lassen.
- Currypulver und Crème fraîche hinzufügen und gut verrühren, auf 42 °C abkühlen lassen und mit Salz und Pfeffer würzen.
- Mit Naturjoghurt vermischen und in Gläser füllen, bei 42 °C 8 Stunden fermentieren lassen.
- Danach im Kühlschrank abkühlen lassen.

ERBSENJOGHURT-DIP

1 Zwiebel
20 g Butter
1 Knoblauchzehe
200 g Erbsen (TK-Ware)
100 ml Sahne
Salz und Pfeffer
800 ml Vollmilch 3,5 %
100 g Naturjoghurt 3,5 %

- Zwiebel würfelig schneiden und in Butter mit gepresster Knoblauchzehe glasig dünsten.
- Erbsen zugeben und weitere 5 Minuten mitdünsten, mit Sahne aufgießen, mit Salz und Pfeffer kräftig würzen und pürieren (eventuell durch ein Sieb streichen).
- Milch aufkochen, Erbsenpüree dazugeben und sehr gut verrühren.
- Auf 42 °C abkühlen lassen, mit Joghurt vermischen und in Gläser füllen.
- Bei 42 °C 8 Stunden fermentieren lassen, danach im Kühlschrank abkühlen lassen.

Tipp *Alle pikanten Variationen auf den folgenden Seiten schmecken hervorragend als Dip für Gemüsesticks oder Knabbergebäck.*

Erbsenjoghurt-Dip
Curry-Cheddar-
Cremejoghurt

BÄRLAUCH-KÜRBISKERN-FRISCHKÄSE

80 g Kürbiskerne
100 g Bärlauch
100 ml Sahne
50 g Crème fraîche
Salz und Pfeffer
900 ml Vollmilch 3,5 %
1 Pck. Frischkäse-Starterkultur

- Kürbiskerne in einer Pfanne ohne Fett anrösten, abkühlen und zermahlen.
- Bärlauch waschen und mit Sahne aufkochen, mit dem Stabmixer pürieren und durch ein Sieb streichen.
- Mit Crème fraîche und Kürbiskernen verrühren, mit Salz und Pfeffer kräftig würzen.
- Milch aufkochen, Bärlauchmasse dazugeben und gut verrühren, auf 30 °C abkühlen lassen und mit Frischkäse-Starterkultur vermischen.
- In Gläser füllen und bei 30 °C 12 Stunden fermentieren lassen, in ein Sieb gießen und über Nacht abtropfen lassen.

RÄUCHERKÄSE-MATSONI

MIT ROSMARIN UND SALBEI

1 l Vollmilch 3,5 %
3 Rosmarinzweige
5 Salbeiblätter
100 g Räucherkäse
100 g Crème fraîche
Salz
1 Pck. Matsoni-Starterkultur

- Milch mit Rosmarinzweigen und Salbeiblättern aufkochen, 5 Minuten ziehen lassen, dann abseihen.
- Räucherkäse fein reiben, zur Milch dazugeben und schmelzen lassen (eventuell mit dem Stabmixer pürieren).
- Crème fraîche zugeben und gut verrühren, salzen und auf 42 °C abkühlen lassen.
- Mit Starterkultur vermischen, in Gläser füllen und bei 42 °C 8 Stunden fermentieren lassen.
- Danach im Kühlschrank abkühlen lassen.

Räucherkäse-Matsoni
Bärlauch-Kürbiskern-Frischkäse

SENFJOGHURT
MIT THYMIAN

1 l Vollmilch 3,5 %
3 Zweige Thymian
1 EL gelbe Senfkörner
1 EL Senfpulver
1 TL Cayennepfeffer
Salz und Pfeffer
100 g Naturjoghurt 3,5 %

- Milch mit Thymian und Senfkörnern aufkochen, abseihen, Senfpulver und Cayennepfeffer, Salz und Pfeffer dazugeben und gut verrühren.
- Auf 42 °C abkühlen lassen, Naturjoghurt dazugeben und gut verrühren.
- In Gläser füllen und bei 42 °C 8 Stunden fermentieren lassen.
- Danach im Kühlschrank abkühlen lassen.

Tipp *Dieses pikante Joghurt kann man – ebenso wie alle anderen auch – wunderbar zur Verfeinerung von Salatmarinaden verwenden. Auch zu Gegrilltem, Fisch oder anderen herzhaften Gerichten passt das Senfjoghurt hervorragend.*

STEINPILZ-SKYR-AUFSTRICH
MIT MEERSALZ

20 g getrocknete Steinpilze
1 l Vollmilch 3,5 %
6 Pfefferkörner
2 EL getrocknete Steinpilze (zu Pulver vermahlen)
1 EL Meersalz
100 g Skyr 1 %

- Getrocknete Steinpilze in 200 ml Wasser 1 Stunde einweichen, dann aufkochen und 5 Minuten köcheln lassen. Abseihen, Wasser ausdrücken und Pilze in kleine Stücke schneiden.
- Milch mit Pfefferkörnern aufkochen, dann abseihen, Steinpilzpulver und Meersalz dazugeben, gut verrühren.
- Steinpilze zugeben und auf 42 °C abkühlen lassen, mit Skyr vermischen und in Gläser füllen.
- Bei 42 °C 8 Stunden fermentieren lassen, danach im Kühlschrank abkühlen lassen.

Senfjoghurt
mit Thymian
Steinpilz-Skyr-Aufstrich
mit Meersalz

KÄFERBOHNEN-HASELNÜSSE-DIP

40 g Haselnüsse
900 ml Vollmilch 3,5 %
160 g gekochte Käferbohnen
½ TL gemahlener Kümmel
Salz und Pfeffer
100 g Naturjoghurt 3,5 %

- Haselnüsse in einer Pfanne ohne Fett anrösten, dann abkühlen lassen, Schale entfernen und fein mahlen.
- Milch aufkochen, Käferbohnen dazugeben und mit dem Stabmixer sehr fein pürieren (eventuell abseihen).
- Haselnüsse dazugeben und mit Kümmel, Salz und Pfeffer würzen.
- Auf 42 °C abkühlen, Naturjoghurt zugeben und gut vermischen.
- In Gläser füllen und bei 42 °C 8 Stunden fermentieren lassen, danach im Kühlschrank abkühlen lassen.

KRÄUTERJOGHURT

1 l Vollmilch 3,5 %
5 Salbeiblätter
1 Lorbeerblatt
5 Pfefferkörner
½ Bund Petersilie
½ Bund Schnittlauch
100 g Naturjoghurt 3,5 %
Salz

- Milch mit Salbei, Lorbeerblatt und Pfefferkörnern aufkochen, abseihen, auf 42 °C abkühlen.
- Petersilie und Schnittlauch klein schneiden und mit dem Naturjoghurt zur Milch geben, gut verrühren.
- Mit Salz abschmecken und in Gläser füllen. Bei 42 °C 8 Stunden fermentieren lassen.
- Danach im Kühlschrank abkühlen lassen.

Tipp *Als Variation schmeckt auch Dill sehr gut, man kann jedoch auch verschiedene Sprossen (Kressen) statt der Kräuter verwenden.*

Kräuter-
joghurt
Käferbohnen-
Haselnüsse-Dip

ROTE-RÜBEN-SCHAFSKÄSE-CREME

160 g gekochte Rote Rüben
100 ml Sahne
60 g Schafskäse (z. B. Feta)
50 g Crème fraîche
Salz und Pfeffer
1 l Vollmilch 3,5 %
100 g Naturjoghurt 3,5 %

- Rote Rüben schälen, würfelig schneiden und mit Sahne aufkochen.
- Mit dem Stabmixer sehr fein pürieren, eventuell durch ein Sieb streichen.
- Schafskäse und Crème fraîche dazugeben und sehr gut verrühren, kräftig mit Salz und Pfeffer würzen.
- Milch aufkochen, Rote-Rüben-Püree dazugeben und gut vermischen.
- Auf 42 °C abkühlen, mit Naturjoghurt verrühren und in Gläser füllen.
- Bei 42 °C 8 Stunden fermentieren lassen, danach im Kühlschrank auskühlen lassen.

NATUR-LASSI

JOGHURT
450 ml Vollmilch 3,5 %
50 g Naturjoghurt 3,5 %

500 ml Mineralwasser
1 Prise Salz
1 Prise Kardamom

- Milch aufkochen, auf 42 °C abkühlen lassen, mit Naturjoghurt vermischen und in Gläser füllen.
- Bei 42 °C für 8 Stunden fermentieren lassen, danach im Kühlschrank auskühlen lassen.
- Das fertige Joghurt mit Mineralwasser, Salz und Kardamom gut verrühren.

KRÄUTER-LASSI

JOGHURT
500 g selbst gemachtes Kräuterjoghurt (siehe Rezept S. 72)

500 ml Mineralwasser
1 Prise Salz
1 Prise Pfeffer

- Das Joghurt mit dem Mineralwasser (beides gut gekühlt) mit den Gewürzen vermischen und sofort servieren.

SÜSSE VARIANTE: MANGO-LASSI

- 400 g Mango schälen und in Würfel schneiden.
- 500 g selbst gemachtes Naturjoghurt mit Mangowürfeln, 1 Prise Zucker und Kardamom pürieren, mit 500 ml Mineralwasser gut vermischen.

Rote-Rüben-
Schafskäse-Creme

GRIECHISCHES JOGHURT
MIT SCHAFSKÄSE AUF SPINAT

SPINATSCHICHT
1 kleine Zwiebel
2 EL Olivenöl
1 Knoblauchzehe
300 g frischer Spinat
Salz und Pfeffer

JOGHURT
800 ml Vollmilch 3,5 %
Salz und Pfeffer
80 g Schafskäse
100 g griechisches Joghurt 3,5 %

- Für die Spinatschicht die fein gehackte Zwiebel im erhitzten Olivenöl goldgelb anrösten, fein gehackten Knoblauch kurz mitrösten, dann den gewaschenen Spinat hinzufügen und unter Rühren ca. 10 Minuten dünsten lassen.
- Mit Salz und Pfeffer würzen und danach pürieren.
- In jedes Joghurtglas eine Schicht Spinat geben und vollständig abkühlen lassen.
- Milch mit den Gewürzen aufkochen, vom Herd nehmen und den fein zerbröselten Schafskäse hinzufügen, mit dem Stabmixer pürieren.
- Auf 42 °C abkühlen und mit dem griechischen Joghurt vermischen, vorsichtig auf die Spinatschicht in den Gläsern gießen.
- Bei 42 °C 8 Stunden fermentieren lassen, danach im Kühlschrank abkühlen lassen.

KREN-SAUERRAHM-DIP
MIT RÄUCHERLACHS

800 ml Vollmilch 3,5 %
200 ml Sahne
100 g Räucherlachs
Salz und Pfeffer
50 g Kren (Meerrettich)
100 g Sauerrahm 10 %

- Milch und Sahne aufkochen, Räucherlachs in kleine Stücke schneiden, zur Milch geben und würzen.
- Auf 42 °C abkühlen lassen, den frisch geriebenen Kren hinzufügen und die Masse mit dem Stabmixer pürieren.
- Mit Sauerrahm vermischen und in Gläser füllen, bei 42 °C 8 Stunden fermentieren lassen.
- Danach im Kühlschrank abkühlen lassen.

GLEICH BESTELLEN & PROBIEREN

Frisch und selbstgemacht: Joghurt, wie er sein sollte!

TRUE LIFE JOGHURTKULTUREN

- ✓ Sie benötigen nur Milch, True Life Joghurtkulturen und einen Zubereiter
- ✓ Zur Herstellung von 4 Litern frischem, aktivem Joghurt (auch vegan) mit bis zu 6 Milliarden lebenden, guten Keimen pro 100 ml

JOGHURTBEREITER

- ✓ Hochwertiger BPA-freier Kunststoff
- ✓ Herausnehmbarer 1-Liter-Behälter mit separatem Deckel

Entdecken Sie viele weitere Produkte aus unserem Sortiment:

Flor Essence | Nukleotide | Rechtsregulat Salvestrol | Vitamine und Mineralstoffe Kräuterspezialitäten | Ur-Tinkturen | u.v.m.

Quintessence
Natur- und Gesundheitsprodukte

www.natuerlich-quintessence.de
Wolfegger Straße 6 | 88267 Vogt

Natürlich cremiger Genuss

Gesunder Naturjoghurt einfach zubereitet – ganz ohne Konservierungsstoffe und künstliche Aromen. Für eine ausgewogene Ernährung der ganzen Familie. Ob auf Basis von Milch oder Sahne, als Klassiker mit Erdbeer- und Himbeer-Geschmack oder als exotische Variation mit Südfrüchten – der Genuss eines selbst gemachten Joghurts ist unvergleichlich gut. Inklusive 2 XXL Gläsern und 4 Joghurtbechern!

Automatik Programme für Frischkäse, veganen / laktosefreien Joghurt oder aromatisches Kräuter Extrakt
Joghurt & Frischkäsebereiter – JG 80

Jona

SIEGER PREIS/LEISTUNG
Haus & Garten Test
gut
(1,6)
Rommelsbacher
JG 80
Im Test: Joghurtmaker
Ausgabe 4/2020 · www.haus-garten-test.de

Ausgabe 4.2020

Testsieger
SEHR GUT
ROMMELSBACHER Jona JG 80
Im Test & Vergleich: Joghurtbereiter
GRILLEN-KOCHEN-BACKEN.de

Ausgabe 02.2020

Kompakt, praktisch, bewährt
Joghurtbereiter – JG 40

TESTSIEGER
ETM TESTMAGAZIN · URTEIL
ROMMELSBACHER JG 40 Joghurtbereiter
SEHR GUT 92,4 %
Im Test: 8 Joghurtbereiter
Testurteile: 3x sehr gut, 5x gut
Heft 09/2014

Ausgabe 9.2014

ROMMELSBACHER

FREUDE AM KOCHEN

Mehr Informationen zu ROMMELSBACHER unter: **www.rommelsbacher.de**

Aus unserem Programm

ISBN 978-3-7020-1568-8

ISBN 978-3-7020-1762-0

ISBN 978-3-7020-1609-8

ISBN 978-3-7020-2244-0

Leopold Stocker Verlag
Graz – Stuttgart
www.stocker-verlag.com

Aus unserem Programm

ISBN 978-3-7020-2243-3

ISBN 978-3-7020-2079-8

ISBN 978-3-7020-2099-6

ISBN 978-3-7020-1965-5

Leopold Stocker Verlag
Graz – Stuttgart
www.stocker-verlag.com